はじめに

☆「いつの間にか会話らしい会話が無くなって……」

私は縁結びの地として有名な出雲の地で20年、カウンセラーとして1000組以上のご夫婦と出会ってきました。離婚するしかないかもしれないという瀬戸際でカウンセリングルームに入って来られるご夫婦がほとんどです。いつも、どんなに妻と夫の心がきずなが壊れそうでも、ともに生きていく道があるはずだと信じてカウンセリングに臨んでいます。

はじめは、とても緊張されていて表情は堅いままです。そこで、出雲の話をしたり、私の家庭の話をしたりして雰囲気を和らげながら、少しずつ夫婦の話題に入っていきます。

「カウンセリングルームに来られる途中、お二人でいろいろお話をしながら来られたんですか」とたずねると、皆さま、ほとんど言葉を交わさないままだったとおっしゃいます。

「今はお二人の関係がうまくいっておられないから仕方ないでしょうが、以前はご夫婦で楽しく会話をされていたんじゃないですか」

とたずねると、

「いつごろからかわかりませんが、気づいたら二人で会話らしい会話はしなくなっていました」

と言われます。そうは言っても、

「朝起きたら『おはよう』と声をかけたり、出かけ際に『行ってきます』『行ってらっしゃい』と言葉を交わしたりすることはあるんじゃないですか」

とたずねると、

「そんなことも、だいぶ前からありません。それでも何となくやってくることはできていたんですが」

とおっしゃいます。

☆「言われたことがずっと心に引っかかって……」

「でも、心は苦しかったんですね。いつごろからですか、ご夫婦の会話が少なくなったのは」

とたずねると、

「お互いに忙しかったし、とくに話すこともなかった。それに、話すとケンカになるので避けていた」

という話が出てきます。

それでも大切なことは話さなかったんですかとたずねると、じつは夫から、妻からこんなことを言われたことがある、それ以来、話すのが嫌になったという答えが返ってくることが多いのです。

言った側は忘れていて、「そんなこと考えてもみなかった」と驚きます。そして、

「軽い気持ちで言っただけ」

「冗談で言っただけだよ」

「感情が高ぶってつい口から出てしまって」

と言い訳します。しかし、離婚を考えるまで深刻にならないとしても、言われた側の心にはずっと引っかかったままになっているのです。

こうしたことは、どんな夫婦の会話にも起こりやすいものですが、そのままにしておくと向き合って言葉を交わすことを避けるようになります。気づいたら、ほとんど会話のない夫婦になっています。

カウンセリングで会話ができないほどこじれてしまったご夫婦を目の前にすると、いつも思うことがあります。

もっと普段から夫婦の会話を大切にしていたら、二人の間に生じた不和の芽をもっと小さなうちに摘み取ることができたにちがいないのにと。

どんなに素敵な夫婦でも人生をともに歩んでいくうちにはいろんな難題が降りかかってきます。そのとき、いちばん求められるのは、それでも二人で話し合いながら乗り越えていく夫婦のきずななのです。

☆「普通に会話できる夫婦になることがこんな難しいとは」

私たち日本人には文化的に、夫婦なんだから言わなくてもわかるだろう、わかるでしょうという感覚があります。そのためか、夫婦の間でモノを言うとき、伝えるときの言葉遣いにもあまり気くばりしない傾向があるように思います。

家の外に一歩出れば、何かと相手に気を使い、言葉遣いにも気くばりします。それなのになぜか、家庭の中ではパートナーに思いやりのない言葉を平気で使ってしまったり、二人の会話をないがしろにしてしまったりしがちです。そのために、パートナーが密かに傷ついていても、心が通い合わずに寂しい思いをしていても気づかないまま過ごしてしまいます。

カウンセリングのなかでこのようなお話をしますと、

「家庭を支えていくには、仕事をしなければならないし、子育てや家計のやり繰りもしなければならない。だから、そこまでいちいち気にしていたら家庭生活なんか続かない」

とおっしゃる方もいます。

しかし、どんな人間関係よりも互いのきずなを感じて幸せになりたいと願うのが夫婦です。それなのに二人の間に温かい会話がないとしたら、どんなに寂しくて辛いことでしょう。

私たち人間は、この地球上の生物で唯一言葉を使う存在です。その言葉によって互いのコミュニケーションをはかり、豊かな文化や文明を築き上げてきました。それくらい言葉は大きな力をもっています。

夫婦関係においても、この言葉の力が大きく影響します。ところが、そのことが自覚されていないと、夫婦で会話することが軽んじられたり、会話のない日常をそのまま過ごしたりしやすいのです。

そのくせ、「あなたには私の気持ちなんかわからない」「お前には俺の気持ちは理解できない」と心の中で相手を責めてしまいます。これでは、妻の心と夫の心は離れていくばかりです。

「何気ないことで楽しくおしゃべりする。顔を合わせたら明るくあいさつを交わす。そんな普通に会話できる夫婦になることがこんな難しいことだとは思わなかった」

これはカウンセリングで何度となく聞いた妻たちの寂しい告白です。おそらく、そんな思いを抱く妻が、あるいは夫が日本の家庭に増えているように思えてなりません。どうして、こんなことになっているのでしょうか。

☆夫婦だからこそ知っておきたい賢い言い方・伝え方

私がカウンセリングをしていて感じるのは、夫婦が交わす言葉がいかに二人のきずなに大きく影響するかが理解されていないことです。また、女性と男性の本質的な違い、妻の心と夫の心の違いを理解していないために、夫婦の間で交わされる言葉が相手の心に届いていなかったり、かえって相手の心を傷つけたりしていることです。

ですから、カウンセリングでは、夫婦のきずなを育てるために、夫婦だからこそ知っておきたい賢い言い方・伝え方についてお話しししています。それには、女性と男性の本質的な違いについて理解しておくことが大切であることもお伝えしています。

その内容は本文でお話ししますが、同じ女性として妻がすぐに使える賢い言い方を一つ紹介してみます。それは、夫にかける言葉の語尾をこんなふうにちょっと変えてみることです。

・「やって」⇓「やっていただけないかしら」
・「食べる?」⇓「食べますか?」
・「どうする?」⇓「どうしますか?」
・「買ってよ」⇓「買っていただけないかしら」

たったこれだけです。それでも、きっとご主人の反応は違ってきますよ。試してみてください。

これから本書で紹介することはすべて、私が20年にわたってカウンセリングで1000組以上のご夫婦と出会い、そのなかでともに学んできたことです。それらを皆さまにお伝えすることで、日本中に笑顔が絶えないご夫婦、幸せなご夫婦が増えるお手伝いができれば、これ以上うれしいことはありません。

これがわかれば夫婦はぜったい仲良くなれる　賢い人の言い方・伝え方◎もくじ

I　夫婦の心が離れる〝きっかけ〟に気づいていますか？

II 妻と夫の心がもっと近づく賢い言い方・伝え方

Ⅲ

夫婦のきずなは〝個人の結びつき〟だけではない！

Ⅳ 母から娘、息子に伝えたい結婚生活の心得

カバーデザイン◆中村　聡

I

夫婦の心が離れる〝きっかけ〟に気づいていますか?

@互いの言葉で傷ついている夫婦があまりに多い

神々の舞い降りる出雲の地にあり、水の都とも呼ばれる松江市に私のカウンセリングルームがあります。そこに全国から、車や電車、飛行機でたくさんのご夫婦が訪ねて来られます。

本来、出雲は縁結びの地として知られていますが、カウンセリングでお会いするご夫婦は、その縁が危機に直面しておられます。このままでは別居するか離婚するしかないという切羽詰まった状況で訪ねて来られます。

夫婦お二人で来られている場合は、まずお一人ずつとお話をします。妻と夫の口からは、たまりにたまっていた苦悩が堰を切ったように口から流れ出してきます。うまくいかなくなった理由も次々と出てきます。とくによく出てくるものはのちほど挙げますが、

「そのことについて、お二人で話し合ったことはないのですか」

とたずねると、

「ずっと以前から、そうしたことでパートナーと話すことは諦めていた」

とおっしゃいます。

「それはどうしてですか」

とたずねると、パートナーは
「もともと言葉数の少ない人だから」

「話しているとすぐ感情的になる人だから」

「話が理屈っぽい人だから」

「自分のことばかり話す人だから」……

といった話が出てきます。それでも、

「結婚した当時からまったく会話がなかったわけではないですよね。今のようにお二人が夫婦として向き合って話すことを諦めるようになったのはどうしてですか」

と、さらにたずねますと、よく出てくるのは、あんなことを言われた、こんなふうに言われたという話です。それが今も心に引っかかっていて、それを思い出すと心を開いて話す気がなくなるのだと言います。

これが他の人間関係で起こったことなら、たとえば同じ職場で起こったことなら表向きだけ調子を合わせたり、できるだけ顔を合わせないようにしてやり過ごすこともできるでしょう。

しかし、夫婦の場合はそうはいきません。心が通じ合わないまま一緒に生活していると、心は満たされず苦しくなるばかりだからです。

@「あの一言は絶対に許せません」

言霊といって言葉にはすごいエネルギーが秘められています。カウンセリングをしながら、そんな言葉の力がいかに夫婦関係を左右するか、妻が夫に向ける言葉、夫が妻たちに向ける言葉を間違うと、いかに妻の心、夫の心が傷つくかを目の当たりにしてきました。

妻たち、夫たちはよくこう言って嘆きます。

「あの一言は絶対に許せない」
「あの一言で私の心は完全に切れました」
「あの一言のために十年間ずっと恨んできました」
「あの一言が心に引っかかり、ずっと苦しんできました」

人間誰しも自分の口から出た言葉は忘れてしまいやすいものです。ところが、人から言われた言葉はなかなか忘れないものです。それが自分を苦しめる言葉であれば尚更です。
「具体的にどんな言葉が心に引っかかったんですか」とたずねると、よく出てくるのがパートナーのこんな一言です。

「愛しているかって。愛しているはずないじゃない」

　ある日曜日の夕方、仕事から帰ると、小学生になった子どもたちが遊びから帰ってきて賑やかにしていました。仕事で疲れていた私は妻のやさしい気持ちに触れたくて「おまえ、俺を愛しているのか？」と言葉をかけました。

　妻は、子どもたちがいる手前もあったのでしょうが、「愛しているはずないじゃない」と言ったのです。恥ずかしさもあったのでしょうが、その言葉は私の疲れた心にはズシンと響いたのです。それからは妻とはまともに話せなくなったのです。

「夕食、何食べたらいいんだよ？」

　私が高熱で具合が悪いのに、帰って来た夫は私のことを心配してやさしく言葉をかけるどころか、開口いちばん「夕食、何食べたらいいんだよ？」と自分の夕食のことだけ心配しました。

　高熱で体が辛くて耐えている私に向けられた夫の思いやりのないこの一言に、悲しさを超えて呆れてしまいました。こんな人とはもう話す気にならないし、頼る気もないとはっきり心に決めました。そのときからです、夫と別れることを考えるようになったのは。

「ええ？　何かあったっけ？」

妻の誕生日のことも、母の日のことも夫には関心がないようです。私が「今日は何の日か知っている？」と期待を込めて言っても、「ええ？　何かあったっけ？」ととぼけたままです。

家事は何もしない夫だけど、せめて記念日ぐらいは思いやりの言葉をかけてほしいと願っていただけなのに。

「一体、私はこの夫の何なのよ！」「家政婦ですか？」という思いが湧いてきて、一緒にいる意味なんかないと思ってしまいました。

「今日は疲れているから……」

私がすでにベッドで寝ていた夫に近づいて「愛して」と言ったのに、夫からは冷たい態度で「疲れているから止めてくれ」と拒否されてしまいました。疲れているのは私だって見ていてわかりますが、それでも夫と触れ合うことで夫婦の温かさを感じたかったのです。

それに、たとえ疲れていて無理でも、もうちょっと私の気持ちを考えてやさしく断るならまだ許せるけれど、そんなかけらも感じませんでした。そんな夫の冷たい一言が今も私の心に引っかかったままです。

それ以来、夫が一方的に求めてきても、安心して触れ合うことができませんし、自然に会話もできなくなってしまいました。

「いつもあなたはそんなことしか考えてないの？」

子どもたちも全員早く寝たので、早めに帰った私は妻の方に手を伸ばしました。ところが触れた途端、ピシャリと「いつもあなたはそんなことしか考えていないの？」と言われてしまいました。私のプライドはひどく傷つきました。

それからというもの、誘っても妻からまた何か言われるのではないかと思うと、妻に近づくことも会話することも避ける自分がいます。

「こんなところで寝てないで、外にでも行ってきてよ」

久しぶりのフリーの休日で、リビングで寝転びながらゆっくりテレビを観ていました。すると、妻が私のことを邪魔そうにして掃除機をかけ始めました。私が
「うるさいなあ！」

と言うと、妻は
「こんなところで寝てないで、外にでも行って来て」

と私を追い出そうとします。

「久しぶりの休日なんだぞ。ゆっくりさせろよ」

と言うと、

「子どもは受験で寝ないで勉強しているのよ！　もっと気をつけてよ」

と、さらに私を追いつめます。子どもの受験が大事なのはわかるが、これでは私の安らぐ場所がありません。

「この家はいったい誰が建てた家なんだ」と言ってみたいです。

「何のために結婚したのかわからない」

私たち夫婦は二人とも正社員で働いています。結婚するときに家事は平等に分けて行なうことにし、夕食は早く帰ったほうが準備することに決めていました。実際には、夫の帰りのほうが遅く、私がどんなに疲れて帰っても夕食の準備をすることが多くなっていました。

ですから、たまに夫が私より早く帰っているときは、夕食を準備してくれているかもと期待しましたが、何もしないままリビングでテレビを観ていたりするだけでした。独身のときは自分の好きなように時間もお金も使えたし、それなりに楽しく過ごしていました。結婚すると不自由なことが多くなったし、家事も結局私がやることになって大変だけれど、家庭を守るためだと思って何とか努力していたのです。

ところが、あるとき夫が「何のために結婚したのかわからない」と嘆いたのです。「私のほうこそ、そうよ」と言い返したくなりましたが、ぐっとこらえました。しかし、その言葉が心に引っかかり、こんな夫とはまともに話す気がなくなってしまいました。

「離婚するわよ」

私の妻とは大学時代に出会いました。当時の妻はみんなの憧れの的で、私は猛アタックして結婚しました。そんなふうにして夫婦になったこともあり、私は妻からどんなことを言われても、やられても甘んじて受け止めていました。

たとえ「離婚するわよ」と言われても、私が謝れば何とか収まっていました。妻も、私には何を言ってもすべて受け止めてくれると思い込んでいたと思います。しかし、私のプライドは傷ついていたのです。

ある日、妻が「もう離婚だわ。やっていけないわ！」と私に言ったことがあります。ところが、そのときの私の心には妻のこの言葉を受け止める余裕は残っていませんでした。ついカッとなって「そうしよう。離婚しよう。もう疲れた」と言ってしまいました。

「俺でなくても頼る人がいるんじゃないか？」

私たちは二十代で結婚しました。私は化粧品会社の管理職に就いているため、帰宅が遅くなるのはたびたびで、出張もけっこうありました。その日は会議が遅くまであり、その後の事務処理に追われて終電にやっと飛び乗りました。

自宅は駅からそう遠くないところにありますが、深夜の暗い道を一人で帰るのは怖いし、かと言ってタクシーを使うほどの距離でもありません。それで駅で夫に電話をして迎えに来てくれないかと頼みました。すると電話の向こうで夫が「俺でなくても頼る人がいるんじゃないか？」と言ったのです。

夫は出張で家を空けたり、夜遅く帰ったりする私を疑っていたのだと思いました。この一言以来、私は夫と素直に会話することができなくなってしまいました。

「これからどうやって生活していくつもり？」

私は人に使われて働くのではなく、いつか自分で事業を起こしたいと学生のころから考えていました。いよいよそれを実現しようと会社を辞めて事業を立ち上げたのは、妻と結婚して5年経ったころです。夫である私が決めたことならと、妻も物心両面で応援してくれていました。

結果として、その事業は失敗に終わり、かなりの損害を被ってしまいました。私としては精いっぱいがんばったつもりでしたし、妻が熱心に応援してくれることを心の中ではありがたく思っていました。

ところがそのとき、妻が私に向かって「絶対成功すると言ったから応援したのに、一体これからどうやって生活していくつもりなの？」と冷たい言葉をぶつけてきたのです。ただでも事業に失敗して落ち込んでいた私の心に、妻のこの言葉はぐさりと突き刺さりました。

それ以来、妻とは自然な会話ができなくなってしまいました。

「丁度良かったわ！　子どもの買い物に行って来てくれない？」

私が「ただいま」と帰るなり、妻は「お帰りなさい！」の一言もなく、「丁度良かったわ！　子どもの買い物に行って来てくれない？」

と話しかけてきました。私が
「ええ！　今やっと帰って来たんだよ」
と不満気に言うと、妻は
「子どもの成績が心配じゃないの。そんなことも協力できないの！」
と不満をぶつけてきます。私のプライドなどお構いなしです。結局、仕方なくコンビニに消しゴムを買いに行きました。
母親として子どものことに熱心になるのはわかりますが、妻からこんなふうに言われる私は給料運び屋にすぎないのかと思ってしまいます。こんな妻とは、まともに会話する気にはなれません。

「そんなことぐらい気にしないで、親とはうまくやってくれよ」

私たち夫婦は夫の両親と二世帯住宅で暮らしています。生活は基本的に全部分けてありますが、週末は両親と一緒に食事をするようにしていました。そういうときは、時間があるなら食事作りを手伝ってくれと義母から言われたので、できるだけ手伝っていました。

ところが、何事にも細かい義母と付き合うのは神経を使うことが多く、いつも週末が近付くと憂鬱になっていました。義母から「息子はあんな子ではなかった。結婚してから冷たくなった」と言われたこともあります。まるで自分のせいだと言われているようで、かなりショックでした。

そのことを夫に話すと、「両親が建てた家に住まわせてもらっているのだから、そんなことぐらい気にしないでうまくやってくれよ」と言われました。その言葉を聞いて、私は義母からも夫からも責められているように感じ、居たたまれない気持ちになりました。

そんな夫とは話すのも嫌になり、しだいに夫婦で会話することを避けるようになりました。

「そんなこともわからないのか」

夫が大学生で私が高校生のときに、私たちは同じバイト先で出会いました。それからは仲の良い友達として付き合いました。その後、それぞれ大学、高校を卒業し、3年経ったころに結婚しました。

ところが結婚してみると、夫は高卒の私に「本当にバカだなあ！」とか「そんなこともわからないのか」と平気で言うようになりました。そのたびに、夫は高卒の私を軽蔑しているのかなと思いました。

私はもともと、それほど自分に自信のあるタイプではありません。ですから、もっとも身近にいる夫からたびたびバカにした言い方をされると、ますます自信がなくなります。それに、そんな言い方しかできない夫とは言葉を交わすのも嫌になってしまいました。

「お兄さんは部長に昇格したんですって」

妻はよく他所の家の夫と私を比べて、あそこはいいわねみたいな言い方をします。私の兄弟を引き合いに出しながら羨ましそうに話すこともあります。

「お兄さんは部長に昇格したんですって。夏休みは家族で海外旅行に行くそうよ」

そんな言い方を子どもたちの前でもするものだから、子どもたちからも馬鹿にされているようです。こんなに家族のことを思って働いているのに、自分のことが情けなくなりますし、悔しい気持ちになります。妻とはまともに話す気になれませんし、あんな家には帰りたくないと思うこともあります。

「おい」「こら」「おまえ」

夫は妻の私を呼ぶとき「おい」「こら」「おまえ」のどれかです。話し方も「洗濯しておけ」「メシ」「風呂」「早くしろ」といつも命令調です。小さな子どもたちまで真似て「おい」「こら」と、母親である私のことを呼びます。

まるで召使いのように扱われているようで、呼ばれるたびに気持ちが落ち込みます。以前は、こんな状況を何とか変えたい、こんな状況から解放されたいと思っていましたが、いざとなると夫には何も言い返すことができません。とても夫婦らしい会話なんかできませんし、私の気持ちは夫からどんどん離れていく一方です。

「お前は何もわかっていない」

夫婦喧嘩が始まると、夫は私がいかに間違っているのかを理論立てて、とうとうと話してきます。それでも私が納得しないようだと、私の心理状態を分析し、私のほうに問題があることを納得させようとします。

「私はそんなことを言っているわけではない」と反論すると、「お前は何もわかっていない」と決めつけます。私はひたすら理解してもらえない寂しさを感じ、虚しい気持ちになります。

夫がこんな調子ですから、夫婦らしい会話もありません。この夫とは、きっと生涯心が通じないと思うと、夫婦としてやっていく自信がなくなります。

「自分で稼いだお金をどう使おうと勝手だろ」

夫は自分で欲しいものがあると、すぐ衝動買いをしてしまいます。あとで家に請求書が送られてくることもたびたびですし、勝手にカードで高額商品を買い、その請求を見て驚いたことも一度や二度ではありません。

その都度、話し合ってもう少し配慮してくれるように頼みましたが、「自分で稼いだお金をどう使おうと勝手だろ」と開き直ります。夫が家族のために働いてくれていることには感謝していますが、私だって家計をやりくりして努力しています。

あまりに身勝手な夫の言葉を聞いていると、何かすべてが虚しくなってきて、こんな人とは心温まる会話なんかできそうにもないし、夫婦として一生を共にすることなどできそうにありません。


カウンセリングでこうした言葉を口にした側にたずねてみますと、本人はほとんど覚えていません。しかし、言われた側の心にはずっと引っかかったままになっています。また言葉で傷つけられると思ったら、たとえ何気ない日常の会話でも避けるようになるでしょう。

カウンセリングでこうした訴えを聞くことが何度もありますが、そのたびに、夫婦だからこそ言葉の使い方、モノの言い方、伝え方に気くばりすることが大事だなと思わされます。

@無視されてばかり、否定されてばかりで話す気にならない

じつは、夫婦の会話を難しくするのは、口から発せられた言葉だけではありません。パートナーから自分の存在が無視されている、拒否されていると感じて、夫婦の会話を避けるようになることもあります。そのままにしていると、夫婦の会話がどんどん少なくなり、妻の心と夫の心は離れていってしまいます。

カウンセリングでよく出てくる話を挙げてみます。

自分の家なのに居場所がない……

帰宅して玄関の前に立つと、家の中からは妻と子どもたちの楽しそうな会話が聞こえてきます。ところが、私が「ただいま」と玄関に入った途端、まるで私を避けるように、みんな自分の部屋にサーッと消えてしまいます。

そんなことが続くと、「俺がいったい何をしたというんだ！」と叫びたくなることもあります。妻と子どもたちだけで家族が出来上がっていて、「あなたはいなくてもいい」と言われているようです。妻と夫婦らしく言葉を交わすことも滅多にありません。家族のためにと思って働いているのに、疲れて自宅に帰っても、そこには自分の居場所はない。そう思うと、もう家に帰りたくないと思う日々です。

「行ってきます」と言っても返事がない

自分で朝食を作って一人で食べ、ランチ用におにぎりを握って持って出かけます。これが、毎日のわが家の朝の光景です。会社の同僚にそのことを話すと、「ええ？　奥さんは何をしているの？」と聞かれ、「妻は寝ているよ」と答えると驚かれます。

以前は朝、出かけ際に「行ってきます」と妻に声をかけていました。ところが、妻から反応があったことはありませんでした。まるで「あなたは、いてもいなくてもどっちでもいいの」と否定されているようで、プライドが傷つきました。

今は、できるだけ妻と話すのを避けるようにしています。

夫と義母が話していると入っていけない

私たちは夫の実家の近くに新居を建てました。そんなこともあって、義母はしょっちゅう遊びに来て夫と仲良く楽しそうに話しています。そんなときは、私が入り込む隙はありません。義母とは楽しそうに話すのに、私と話すときはつまらなさそうです。だんだん夫と話すのが嫌になってしまいました。

何かにつけて実家に頼る妻とは話したくない

わが家から車で5分くらいの所に妻の実家があります。妻は毎日のように実家に行きますし、私たち夫婦のことはほとんど筒抜けのようです。それはいいとしても、わが家にとって大切なことまで、夫である私に相談せず実家で相談します。

そのたびに、妻にとって私はいてもいなくてもどうでもいい存在ではないかと思ってしまいます。こんな妻とは本音で会話する気になりません。このまま夫婦でいるくらいなら、いっそのこと離婚したほうがいいのではと考えてしまいます。

年下の夫の横暴な言葉遣いに戸惑う

大学時代、私と夫は同じサークルの先輩、後輩でした。私が先輩でしたが、後輩で年下だった夫と付き合うようになりました。二人が大学を卒業してからも付き合いは続き、結婚しました。

付き合っているころの夫はとてもやさしく、言葉遣いも丁寧でした。ところが、結婚した途端に言葉遣いや態度が信じられないほど変わってしまったのです。何かにつけ命令口調で、威圧的な態度で接してきます。妻である私を拒絶していると感じることもよくあります。

結婚するまで、こんな人だと知らずに付き合っていた自分が情けなくて、夫と会話する気もなくなりました。このまま我慢して一緒に暮らそうとは考えられず、離婚を考えています。

妻はいつも顔が暗くて元気がない

私が朝起きると、妻もボサボサの髪で、暗い顔をして起きてきます。若いころは夫に気くばりしていつも化粧をして美しく装っていましたが、今はそんな面影もないほど気にしません。

それでもせめて明るくて元気ならいいのですが、私が「おはよう」と言っても、元気なく暗い声で面倒くさそうに「おはよう」と答えるだけです。そんな妻の姿を見ていると、私のことを拒絶しているのかなと思ってしまいます。

こんな結婚生活を続けていても、お互いに不幸になるばかりだと思うと気持ちが落ち込みます。

夫はワンマンで会話もないし一緒にいるのが苦痛

夫は外面は良く、職場でも信頼されて重役を任せられていますが、家ではワンマンで、家族には何も言わせません。私が夫の気に入らないことでも言おうものなら、すぐに手を上げます。夫と会話していて楽しいと感じたこともありません。

こんな夫の態度に接していると、妻としての私の存在が無視されているように感じてしまいます。しかし、今のような結婚生活が私にとって苦痛になっていることは、夫はまったく理解していないと思います。

それでも、子どもが大きくなるまではと我慢していますが、いずれ夫が退職して24時間、一緒に過ごすようになるなんて考えられません。離婚して、自分の人生を思う存分楽しみたいと思っています。

妻から放たれる固いオーラが嫌でたまらない

高校教師の妻は、家の中でも夫である私に先生のような言い方をします。それが気に障るときに夫婦で会話すると、よく衝突します。妻は家庭の中でも固いオーラを放っていて、一緒にいると拒絶されているように感じてしまいます。

もちろん妻の仕事のことは理解してきたつもりですが、家にいるときはもっとゆったりとした雰囲気でいてほしいのです。

家の中では妻であり、母であってほしいと思い切って言ったこともありますが、そんな器用なことはできないと取り合おうとはしませんでした。

今でも、家の中は居心地が悪く、夫婦の会話が盛り上がることもありません。このまま結婚生活を続けていいのか、内心迷っています。

夫が何を考えているのかわからない

お酒が入っていないときの夫は、飼い猫のように大人しい人で、ほとんど何も話さない人ですが、お酒が入ると愚痴が多くなり、だらしなくなります。そんな夫が情けないですし、本当は何を考えているのかもよくわかりません。

夫の中に私の居場所がないように感じてしまいます。夫婦らしい会話がないのも寂しいです。

やっと夫婦の時間が取れると思ったのに会話ができない

私は長い間単身赴任で働いてきました。その分、妻が家の事から子育てまでほぼ全てを一人でやってくれました。ようやく単身赴任が終わり、自宅から通勤できるようになったので、これからは家で過ごせる時間が増えます。妻も子育てから少しずつ手が離れてきたので、夫婦で楽しく会話しながら過ごせそうだと思っていました。

ところが、夫婦二人だけになってみると、思ったほど会話が弾みません。むしろ妻は二人だけになることを避けて出かけてしまいます。子どもたちも避けているようです。退職を目前として居たたまれない日々です。

夫は会話がとても苦手で私と話すのも避けている

夫は元々会話が苦手な人でした。でも公務員で、真面目に仕事をする、やさしいイメージの人だったので結婚しました。ところが結婚してみると、ほんとうに会話が苦手な人で、家に帰って夕食を食べるとすぐに部屋に入ってパソコンに向かいます。

結婚するまではこれほど人とのコミュニケーションが苦手な人だとは思いませんでした。ネット上ではたくさん書き込みをしているようですが、私とは面と向き合って話すことを避けているようです。

このまま夫婦らしい会話のない生活を続けていくことができるのか、不安でたまりません。

大事なことを話しても曖昧な返事しかしない

夫はとてもやさしい人ですが、大事なことを相談したくて話しかけても、曖昧な返事しかしてくれません。いつもそうです。

私は今37歳で、子どもを産めるタイムリミットが迫ってきています。夫に相談すると、やはりいつものように曖昧な返事しか返ってきません。それでも、このことは夫の協力がないと前に進めませんから、真剣に話しかけるのですが、曖昧なままです。

こんな大事なこともまともに話せないようでは、この先ずっと夫婦としてやっていけるのか、自信がなくなりました。優しい人なので離婚はしたくありませんが、夫婦らしい会話のない人生は悲しくて仕方ありません。

本人はパートナーを無視したり、拒絶したりしているつもりはなくても、パートナーがそう感じていたら、夫婦で楽しく会話して満たされた時間を過ごすこともできなくなります。そのままにしておくと、夫婦の心は離れていってしまいます。

＠女性と男性の特性を知らないと会話はかみ合わない

☆結婚前後で感じ方、考え方は異なる

このように夫婦の会話がうまくいかない理由はたくさんありますが、カウンセリングの現場から見ていますと、そこにはどの夫婦にも共通した根本問題があります。それは、妻の心と夫の心の本質的な違いがあまりにも理解されていないことです。

戦後の日本では、男女平等が社会のあらゆる場面に定着し、今は男女共同参画社会の実現を目指しています。学校や職場など男性と女性が対等に活躍できる環境も整ってきています。そのこと自体はほんとうに素晴らしいことですが、それがゆえに見えにくくなったこともあります。それが、女性と男性の本質的な特性の違いです。

このことがわからないと、妻は自分の言葉が夫の心にどのように伝わっているのかわかりません。夫は自分の言葉が妻の心にどのように伝わっているのかわかりません。

そのために夫婦の会話は、まるで暗闇の中で言葉の鉄砲を撃ち合っているような状態

になりやすいのです。

たとえば、ふいに飛んできた妻の言葉で夫の心が傷つきます。しかし、言葉の玉を撃った妻は暗闇なので夫の心に当たったことに気づいていません。そのために、葛藤の多い生活を送っているご夫婦がほんとうに多いのです。

お二人とも高学歴で美男美女、専門性の高いお仕事をそれぞれされている、そんなご夫婦がカウンセリングルームに訪れることがあります。きっと結婚されたころは、周りも羨む素適な男性と女性だったでしょうし、きっと幸せな夫婦になると期待されたにちがいありません。

お話を聞くと、本人たちも結婚するまでは相思相愛で、きっと何でも話し合えるいい夫婦になれると思ったそうです。ところが、いざ結婚生活が始まってみると、なぜか二人の会話はスムーズにいきません。戸惑いや葛藤が多くなり、しだいに二人で会話することも少なくなっていきました。もはや離婚したほうがいいかもしれないという瀬戸際まで来て、カウンセリングに来られたというのです。

一人の男性、一人の女性としてはどんなに素適に見えても、いざ夫婦となったとき妻としての感じ方や考え方、夫としての感じ方や考え方は、それまでの延長線上にあるわけではありません。そのことをよく理解しておかないと、結婚前まではあんなに楽しく会話していたのに、夫婦になったらなぜうまくいかないの？　ということになってしまいやすいのです。

☆パートナーの「なぜ？」と思うところ

ところで、女性と男性の本質的な違いと一言で言っても、抽象的でわかりにくいと感じる方がおられるかもしれません。たとえば、普段の何気ない家庭生活のなかで、夫を見ていて、妻を見ていて「えっ、なぜ？」と感じることはありませんか。そこには女性と男性の違いがよく現われています。

ここでは、カウンセリングでよく出てくるものを挙げてみます。

【妻から見た夫の「なぜ？」】

a　せっかく話していても、なかなか本音を話そうとしないのはなぜ？

b　男同士の会話では要件だけ話して終ってしまうのはなぜ？

c　必要なものだけ買ってショッピングを楽しもうとしないのはなぜ？

d　単刀直入に話そうとするのはいいけど、それ以上会話が続かないのはなぜ？

e　論理的に考えるのはいいけど、こちらの気持ちを理解しようとしないのはなぜ？

f　一人で考えるのはいいけど、一緒に考えようとしないのはなぜ？

g　夢やプライドに拘るのはいいけど、周りの気持ちを理解できないのはなぜ？

h　必要なことは話そうとするけど、それ以上会話を楽しめないのはなぜ？

i　一度に一つのことしかやろうとしないのはなぜ？

【夫から見た妻の「なぜ？」】

a　あんなに長々と電話で話すのはなぜ？

b　女性同士の会話が長くなるのはなぜ？

c　買い物の時間が長いのはなぜ？

d　話すとき直球より変化球が多いのはなぜ？

e　考えるより直感で動こうとするのはなぜ？
f　一人で考えると悩んでしまいやすいのはなぜ？
g　夢やプライドより現実的に生きようとするのはなぜ？
h　心にあることを吐きださないとストレスになるのはなぜ？
i　一度にいくつものことができてしまうのはなぜ？

いかがですか。読者のみなさんも、パートナーを見ていて「えっ、なぜ？」と思い、自分との違いを感じていることはけっこうあると思います。そこには夫の心、妻の心の特性がよく現われているのです。

愛することとは、まず相手をよく理解することから始まります。とくに自分との違いを理解し、受け入れることです。じつは、そういう日々の努力こそ夫婦の会話を豊かにし、二人で人生の荒海を乗り越えていく支えにもなるのです。

☆パートナーに嫌だと感じる言動

ところが、「えっ、なぜ?」をそのままにしておくと、それが次第にパートナーの嫌な部分として気になり始めます。そうなると、互いに向き合って会話することを避けるようになり、二人の気持ちは離れていきます。ついには一緒に生活していることまで嫌になってきたりします。

ここで、カウンセリング現場で妻の口からよく出てくる夫の嫌な言動、夫の口からよく出てくる妻の嫌な言動を挙げてみます。

【妻から見た夫の嫌な言動】

◉食事どきに「いただきます」と言わないし、料理に関心も示さない
◉妻が重い荷物を持っていても気づきもしない
◉妻が病気でもやさしく看病してくれない
◉妻の話をうるさがって聞こうとしない
◉どんなことがあっても自分が悪かったとは謝らない

◉言葉遣いに思いやりを感じられないし乱暴である
◉子どものことを相談しても一緒に考えようとはしない
◉困っているから相談しているのに説教が始まる
◉帰りが遅くなっても電話を入れてくれない
◉夫婦の性生活が一方的で自分本位である
◉仕事のストレスを家に持ち込みイライラしている
◉よその妻と比較するようなことを軽々しく口にする
◉嫉妬心が強く何でも干渉するので自由に出かけられない
◉妻がどんなに疲れていても家事を手伝ってくれない
◉父親らしく子どもと遊んでくれない
◉家では何もせずだらだらしていることが多い
◉自分の部屋に閉じこもってパソコンばかりやっている
◉「愛しているよ」と口に出して言ってくれたことがない
◉文句を言うだけで男らしくないし頼りにならない

◉関心がないのか妻の誕生日を忘れている

【夫から見た妻の嫌な言動】

◉当然のように夫に向かって命令する
◉何事につけ文句が多くて素直でない
◉帰宅した夫の顔を見るやいなや不満をぶつけてくる
◉自分を主張するばかりで夫を立ててくれない
◉よその家の夫と比較して批判してくる
◉大事なことでも夫の知らないところで勝手に決めてしまう
◉夫の仕事に関心がなく苦労も知らなすぎる
◉自分は忙しいからと育児や家事を当たり前のように強要する
◉精いっぱい働いているのに給料が少ないと不満を言う
◉身だしなみが乱れていても気にしない
◉当然のことのようにお小遣いを制限する

◉夫の趣味には関心を示さないし理解する気もない
◉家に夫の知人や親戚が来ると不機嫌になる
◉子どもの前でも平気で夫の悪口を言う
◉家の中が散らかっていて汚いのに気にしない
◉料理の手抜きが多くて思いやりを感じられない
◉自分の都合で夫を操作し思いどおりにしようとする
◉夫への不満をあちこちで言いふらす
◉いつも子どものことが優先で夫は二の次になる
◉家の中に夫の居場所がないことに気づかない

いかがですか。読んでいて思い当たったことはありますか。

嫌なところがあっても、何となくそのままにしておく。あるいは、あえて言わないほうが無難である。そんな感じで過ごしていると、夫婦の会話がしだいに表面的になり、心が通い合うような会話ができなくなっていきます。もしかしたら、パートナーの心の中には、いつか離婚したいという思いが芽生えているかもしれません。

☆離婚まで考える妻と夫の言い分――相手の未熟さは目につくもの

夫婦のきずなを感じるような会話もなくなり、これなら離婚したほうがいいと考えてカウンセリングに来られるご夫婦もいます。私が、離婚まで考える理由は何ですかとたずねると、妻からはこんな話がよく出てきます。

【妻が離婚を考える理由】

- **会話がまったくない**
- 夫が不倫をしている
- 夫婦喧嘩が絶えない
- 夜の生活がない
- 夫がギャンブルにのめり込んでいる
- 父親としての責任感がない

・私はただの家政婦でしかない
・考え方や価値観があまりにも違いすぎる
・夫から暴力や脅迫を受ける
・夫に気持ちが通じない

一方、夫からはこんな話がよく出てきます。妻の話と共通しているものがありますが、異なっているものもあります。

【夫が離婚を考える理由】

・**妻とは会話が成立しない**
・性格が合わなすぎる
・家の中に安らぎがない
・妻がすぐ切れる
・妻が暴力をふるい暴言を吐く

・離れたほうが子どものためになる
・夜の生活がないし、その気にもなれない
・妻がいつまでも実家に依存している
・妻に対して愛情を感じない
・我慢してまで二人でいる意味を感じない

いろんな理由が並んでいますが、最初に出てくるのは「会話がまったくない」「会話が成り立たない」という理由です。読者のみなさんはいかがですか。私はカウンセリングで妻や夫のこういう言い分を聞きますと、二人ともはじめから完全ではないはずなのに、相手には夫として妻として100%を要求しすぎているように感じてしまいます。その要求に応えてくれないから夫婦関係がうまくいかないのだと言っているように聞こえてしまうのです。

私は結婚して25年になりますが、今でも妻として母として嫁として未熟であり、もっと成長しなければならないと日々感じています。多分夫もそうだと思います。だから、不足のある者同士、相手を受け入れ、夫婦としてともに成長していこうと励まし合うことが大事だと感じてきました。

そのために欠かせないのが、二人の心のつながりを感じ合える会話でありスキンシップなのです。逆に言えば、こうした夫婦の会話やスキンシップがなくなるから、相手の未熟なところばかりが目につき、不満がつのってくるのです。

ですから、カウンセリングでは、何よりまず二人の会話を取り戻すことを目指します。そうしてこそ、夫婦関係を難しくしている個々の問題を二人で乗り越えていくことができるからです。

☆妻に、夫にしてほしい15のこと

途絶えてしまった夫婦の会話を取り戻すきっかけをつくるために、カウンセリングでは、パートナーが自分に対して、してほしいと願っていることを互いに知ってもらうことから始めています。

夫婦ではない普通の人間関係を考えれば、よくわかります。たとえば親とか友達とか自分の願いを理解してくれている相手とは会話がしやすいものです。ですから、友達や職場での人間関係では上手に会話するために相手の願い、要望を知ることにかなりエネルギーを使っています。

ところが、家庭の外ではそうして頑張っている人でも、なぜか夫婦のことになると相手を理解しようとする努力をしなくなってしまうことがほんとうに多いのです。

そこでカウンセリングでは、お二人の会話のきっかけづくりとして、私から「あなたのパートナーがどんなことをしてくれたら嬉しいですか」と聞くことにしています。そこでよく出てくるものを挙げてみます。

【妻が夫にしてほしいと思っていること】

♡妻の話をしっかり受け止めてほしい
♡子どものことを一緒に考えてほしい
♡家事を手伝ってほしい
♡何か買うときは自分にも相談してほしい

♡重い荷物は持ってほしい
♡生活費をきちんと入れてほしい
♡一人でメールばかりしないでほしい
♡食事に関心を持ってほしい
♡妻が病気のときはやさしく看病してほしい
♡物事を自分一人だけで計画しないでほしい
♡汚い言葉を使わないでほしい
♡妻の両親や兄弟も大事にしてほしい
♡夫婦の性の営みを深め合ってほしい
♡説教はしないでほしい
♡やさしく労わってほしい

【夫が妻にしてほしいと思っていること】

♡いつも明るくしていてほしい

♡朝は元気に送り出してほしい
♡子どもより夫を優先してほしい
♡プライドを傷つける言葉は吐かないでほしい
♡外から帰ったらゆっくりさせてほしい
♡夫の両親や兄弟と仲良くしてほしい
♡ときには一人にさせてほしい
♡「ありがとう」ときちんと言ってほしい
♡おいしい食事を作ってほしい
♡ぶつぶつ不満ばかり言わないでほしい
♡夫を立ててほしい
♡夫婦の性の営みを断らないでほしい
♡家事、育児を強要しないでほしい
♡知り合いをわが家に迎えても嫌な顔をしないでほしい
♡いつも美しい妻であってほしい

これらを見ると、どれも相手の嫌なところや離婚を考えている理由の裏返しです。相手に求めていることが叶わない、要求が通らないことの不満であることに気づかれたと思います。

パートナーに対していろいろと不満や要求もあるでしょうが、パートナーも自分に対していろいろ願いを抱いている、ということがわかります。

といっても、不満がいっぱいになっているときは、相手の願いを受け入れることは大変なことです。しかし、もし受け入れることができたら夫婦のどんな問題でも解決できるだろうと思います。もちろん、夫婦の会話もスムーズになっていくことでしょう。

@もっと男と女の違いを確認しておきましょう

カウンセリングでパートナーが願っていることについてお話ししますと、前向きな方は、さっそく実践してみますとおっしゃってくださいます。ところが実際には、パートナーの要求を満たそうと奔走してみても、そう簡単にいくわけではありません。

それは、妻の心と夫の心の違い、もっといえば男性と女性の本質的な違いについて理解しないまま、言葉遣いを変えたり、行動を変えてみてもパートナーの心にはなかなか届かないからです。

まず女性と男性の本質的な特性、すなわち妻の感じ方や考え方、夫の感じ方や考え方の本質的な特性とその違いについて理解しておくことが必要です。

私は、20年以上にわたって夫婦カウンセリングを行なうなかで、つくづく男性と女性は違うものであることを感じてきました。とくに実感としてわかったことを挙げてみたいと思います。

女性の立場は本質的に受け身だと言えます。ですから、受け止めてほしいと願うし、受け止めてくれる思いやりが欲しいと願うものです。争うよりは安らぎを求めますし、愛する人とはできるだけ一緒にいたい、男性には頼りたいと願うものです。

それに対して男性は本質的には主体性を発揮したいと考えます。夢に向かって挑戦する生き方を好ましく感じますし、競争があれば勝ちたいと願います。

プライドを持って生きてこその人生と考えますし、愛する人には自分を信じて付いて来てほしいと思い、頼られる存在でありたいと願います。

もちろん、女性だって社会に出て自分の価値を実現してみたいという思いはありますし、男性にも女性に甘えてみたいという思いがあります。ところが、そのために本質的な違いが見えなくなりやすいのです。

そのために夫婦として一緒に生活していると、こんなに違うんだと驚かされたり、すれ違うことが起こってきます。その結果、どこか「違う、違う」「嫌だ、嫌だ」と思って生活しているご夫婦が多いと思います。普段の会話の中でも「あなたはそんなことを考えていたの？」「そんなふうに感じていたのか？」という言葉が口をついて出てくることもあるでしょう。そのままにしていると夫婦の会話もうまくいかなくなることもあるでしょう。

カウンセリングで出会うご夫婦に接していても、もう少し女性と男性の特性の違いを知っていたら、妻の心と夫の心の違いを理解していたら、ここまで二人の会話が途切れたり、夫婦関係がむずかしくならずに済んだのにと残念に思うことがよくあります。

@夫婦の会話には二人の性の営みも影響している

☆会話も性の営みも夫婦の信頼や愛情を育むもの

先ほどお話しした「妻にしてほしいこと」「夫にしてほしいこと」の項目の中に、夫婦の性の営みが含まれていることに気づかれたでしょうか。カウンセリングでもこのことについて話が出てきますが、じつは会話の少ないご夫婦ほど性の営みがうまくいっていないことが多いのです。なかには、まったくないと言われる方もいます。

今、日本では性の営みがうまくいかないという夫婦が増える傾向にあるといわれています。「仕事で疲れていて余裕がないから」（男性）、「面倒くさいから」（女性）という理由がよく出てくるようですが、それは夫婦の会話が大事にされない理由と似ています。

夫婦の性の営みも夫婦の会話も本来は、夫婦の信頼や愛情を育むものとして大切なはずです。ところが、そのことを見失うと、仕事や生活の忙しさに追われて、夫婦の会話も夫婦の性の営みも後回しになっていきます。カウンセリングでも、会話が少なくなっているご夫婦ほど性の営みがうまくいっていないという悩みを抱えておられます。

会話や性の営みの欠如は不倫のリスクも高めます。私の夫婦カウンセリング体験でも、性の営みがうまくいかない夫婦が増えるにつれて、不倫に陥るケースも増えてきています。しかも、少し前までは夫に不倫関係がある例がほとんどでしたが、このごろは妻のほうにも不倫関係がある例が増えています。

☆妻が知らない男性の性

男女の本質的な特性を理解していないことが夫婦の会話がうまくいかない原因の一つであるとお話ししましたが、じつは同じことは性の営みについてもいえます。実際、カウンセリングで話を聞いていますと、男女の性に対する認識の違いがわかっていないために、夫婦の性の営みがうまくいっていないと思わされることがとても多いのです。

そこでカウンセリングでは、妻たちには男性の性についてこのようにお話ししています。

夫の性欲は私たち女性にもある食欲とか睡眠欲のようなものだと理解すればわかりやすいと思います。妻の側が男性の性欲を断るということは、夫にしてみれば「断食をしなさい、断食をし続けなさい」と言われているようなものです。

女性だって物を食べないままでは力が出ないし、何にも手が付けられないでしょう。「まず食事をしてお腹を満たしてからでないと仕事ができないわ」となります。男性にとっての性欲がそのようになっているのは本来、人類が滅びないように神様が男性に与えた本能だからなのだと思います。

このように理解しておくだけで、夫から「食事はどう？」と誘われたとき、妻としての返事の仕方も変わってきます。今までは「この前、食べたばかりじゃない！ そんなことしか考えてないの！」と言っていたのが、「今日はちょっと無理なの。でも明日なら大丈夫よ！」と応じることができます。それだけで、夫のプライドは傷つかずにすみます。

☆夫が知らない女性の性

一方、女性の性については夫たちにこのようにお話ししています。

愛に対する男性と女性の根本的な違いは、男性は愛しい女性を愛することで幸せを感じるし、女性は愛しい男性から愛されて幸せを感じるようになっていることです。「愛したい男性」と「愛されたい女性」だから、互いを求め合い、結ばれようとするのです。しかも、一時の愛ではなく、いつまでも続く夫婦の愛を願います。にもかかわらず、互いの性を誤解しやすいのは、こうして男女によって愛の求め方が違っていることも関係しています。

ここまで夫たちにお話をしてから、男性が理解しにくい女性の性の特性について、このように説明しています。

女性の基本的な特性は、どんなことをするにしても精神的に満たされることが大前提になっています。夫婦の性生活では、それがとても重要です。妻にとって心が満たされない性生活は苦痛なだけです。

カウンセリングで妻たちの話を聞いていますと、満たされるには2時間くらい心を通わせながら愛し合いたいと言います。夫たちにそのことを伝えると驚かれますが、それくらい女性は精神的に満たされることを求めているのだと思います。

男性を「ガス火」とすれば女性は「炭火」のようなものです。妻は、夫に愛撫してもらいながら火を起こしてもらわなければ固く冷たい「炭」のままなのです。火種から火を起こしていくように、やさしく丁寧に根気強く火を起こさなければ火がつかないのです。

ところが妻たちから聞こえてくるのは、夫は火を起こしてもくれないまま一方的ですぐ終わってしまうという声です。それでは虚しいだけ、痛いだけなので、それくらいなら無くてもいいし、無いほうがいいというのです。

妻がこう感じて心を閉ざしてしまうと、夫たちはますます妻に声をかけにくくなりますし、日常の会話もしにくくなります。それなら他で済まそうとなってしまうこともあるでしょう。

すてきな夫婦の営みを末永く続けていくコツも、やはり女性と男性の違いを受け止めていくことにあると思います。

Ⅱ

妻と夫の心がもっと近づく賢い言い方・伝え方

＠本来、女はおしゃべり、男は無口と認識しておきましょう

ここでは、会話に対する女性と男性の特性について、もう少し具体的に考えてみたいと思います。

まず女性ですが、男性に比べるとはるかに自分の話を聞いてほしいものです。私がたくさんのご夫婦と接してきた経験から言いますと、女性は男性の3倍くらい話をしないとスッキリしません。

もし、そんな妻が話をしなくなったら、夫としてはかなり妻の心は重症だと思ってください。あるいは、かなり何かに対して怒っているのかもしれません。女性はとにかく話を聞いてほしいのですから、そのために時間を取ることを惜しまないことが男性のできる努力と言えるでしょう。

一方、男性は女性と比べて会話が少なくても苦にはなりません。たくさん話すよりも、自分のプライドを支えている考えを理論的に説明しようとします。そのとき、妻

がその話を聞いてあげて、ほめると満足しますが、一方的に否定するようなことを言うと、言葉には出さなくてもプライドが傷つきやすいのです。妻は夫の話を否定せず認めてあげることとです。その後「私の意見を言ってもいいですか」と断って、気持ちを冷静に伝えることができたら、夫のプライドを守りつつ妻も満たされる会話が成り立ちます。

男性の特性としては愛おしい女性を愛し、守ることで幸せを感じるようになっている、女性の特性としては愛おしい男性から愛されて幸せを感じるようになっているとお話ししましたが、このことは会話にもそのまま当てはまります。

「愛しているよ」「私、幸せよ」という言葉のやりとりが、いつも夫婦の間にあったら、その関係はどんなに平安でしょうか。

カウンセリングでこのようなお話をしますと、外では精いっぱい言葉遣いに気を使っていて気苦労が多いのだから、せめて家の中ぐらいそんな気遣いを忘れて解放されたいと言う方がおられます。しかし、それではいつしか大切な夫婦関係は崩れていきます。

＠互いの名前に「さん」を付けて呼んでみましょう

仲良しご夫婦の会話を観察していますと、パートナーや家族に対する言葉遣いをとても大切にされているのがわかります。

たとえば、夫が妻に呼びかけるときは「おい」「お前」ではなく、ちゃんと奥様の名前に「さん付け」で呼ぶ方が多いように思います。たとえ夫婦であっても、頼み事をしたら必ず「ありがとう」と言っています。そんな夫婦の言葉遣いを聞いていますと、この方はほんとうにパートナーや家族を大切にされているんだなと感じます。

ある調査によりますと、夫が妻を呼ぶときは「名前か名前にちなんだニックネーム」がいちばん多いようですが、大切なのは、パートナーの存在に対する尊敬と信頼を感じる呼びかけになっていることです。

どうも日本人には、家族でも会社でも身内を卑下して呼ぶ習慣があります。それ自体は謙遜、謙譲の気持ちの表われだと思いますが、その反面、パートナーの名前に「さん」を付けて呼ぶことには恥ずかしさや抵抗があるのかもしれません。しかし、夫婦だからこそ、ほんとうに自分のことを大切に思ってくれていると伝わるように呼びかけることも大事なのです。

私は、カウンセリングではパートナーの名前に「さん」を付けて呼び合うことをおすすめしています。たとえば、夫が妻を「おい」「お前」と呼んでいたのが「～さん」と呼びかけたら、妻の心にどんなふうに響くでしょうか。あるいは、妻が夫を呼ぶとき、いつも「ねえ」とだけで言っていたのに、「～さん」と呼んだら夫の心にどんなふうに響くでしょうか。きっと、二人で会話する機会が増えていきますよ。

@女性から話しかけるほうがうまくいきます

以前と比べると、カウンセリングに来られる男性から「妻がこわい」という言葉を聞くことが多くなりました。「早く仕事が終わってもすぐ家に帰りたくないので寄り道をして時間をつぶし、家族が休んだころに帰宅するんです」と寂しく話される方もいます。

妻のどんなところがこわいのか聞いてみると、にらむ、怒鳴る、カーッとなると物を投げたり物を壊す、暴力をふるうといった答えが返ってきます。

家庭の雰囲気は不思議と、女性である妻が発しているオーラで変わってきます。疲れて帰ってくる夫や子どもたちを温かく迎えてあげようという妻のオーラがあると、家庭の雰囲気も温かくなるものです。妻の言葉遣いにも同じことがいえます。

そこで、妻の話し方をちょっと変えてみてほしいのです。それだけで、夫の反応が違ってきますよ。私がカウンセリングでおすすめしていることを紹介してみます。

1　言葉をかけるときは少し高めの明るい声を意識する

カウンセリングでは「妻の顔が暗いし、声も暗いんです」と嘆く男性がけっこう多くいます。それだけで、こちらの気持ちが暗く沈んでしまうというのです。そこで、そんな妻たちには、夫に言葉をかけるとき、少し明るい声にしてみてとお話ししています。

たとえば、朝のあいさつなら、ちょっと高めの声で明るく「おはよう」と言ってみます。低くて暗い声で「おはよう」と言われるより、夫の気持ちに元気が伝わると思います。

2　ほめ言葉、感謝の言葉を増やす

「すごいじゃない！」

「絶対あなたならできるわ！」

「応援するわ、がんばってみたら」

「絶対大丈夫よ」

「お父さん、ありがとう」

「あなたの言うこと、よくわかるわ！」

「こんなこともできるの！」

「さすが、パパ！」

「お父さんと結婚して幸せ！」

「うれしいわ！　あなた」

「助かったわ、あなた」

「お疲れさま、パパ」

こんな言葉を一日に一つだけでも言われたら、男性方はどんなにうれしいことでしょう。さらに、一日に2回、3回と言われたら、どんなに元気になることでしょう。

「こちらからパートナーをほめたら損する」なんて思わず、ぜひ試してみてください。

ちなみに、このとき、先ほどお話ししたように、「お父さん」とか「パパ」ではなく夫の名前で「～さん」と呼びながらほめ言葉や感謝の言葉を伝えれば、もっと心に響くと思います。

3　語尾を変えるだけで素適な言葉に変身

「はじめに」でも触れましたが、妻の言葉の語尾をちょっと変えるだけで、夫に与える印象はかなり違ってきます。たとえば、こんな感じです。
・「やって」⇓「やっていただけないかしら」

・「食べる？」⇓「食べますか？」
・「できた」⇓「できましたよ」
・「どうする？」⇓「どうしますか？」
・「起きてよ」⇓「起きませんか」
・「買ってよ」⇓「買っていただけないかしら」
・「干して」⇓「干してもらってもよいかしら」

こんなふうに語尾をちょっとていねいにするだけで命令調の言葉がていねいでやさしい語りかけになります。むずかしいことではありません。自分にかけられたらうれしい言葉を夫にもかけるようにすればいいのです。

4　最後の結論や決定を夫に委ねる言葉遣い

自分が決めて当然という感じで話していると、夫は自分を軽視されているように感じますし、プライドが傷つくこともあります。最後の決定は自分に任せてくれていると夫が感じるように話しかけると、妻は自分を大切に思ってくれていると感じ、うれしくなります。
たとえば、こんなふうにします。
・「〇〇したよ」⇒「〇〇しようと思うけど、どうかしら」
・「こうだよ」⇒「こう思うけど、どうかしら」
妻からこんな言葉をかけられたら、夫は妻が自分のことを頼りにしてくれていると感じますし、男としてのプライドも守られます。ぜひやってみてください。

@自然に会話を交わせる環境づくりも必要です

☆環境を変えてみると会話しやすくなる

夫婦の会話が大事だからと、それまでほとんど会話のなかった二人が突然向かい合って話そうとしても、スムーズに会話ははずまないものです。たとえ話ができても、感情が高ぶって、また相手を傷つけるような言葉が口をついて出てきてしまうかもしれません。ですから、夫婦がゆっくり会話するには、自然に話しやすい環境を整える工夫も必要です。

　カウンセリングにお一人で来られたある女性が「ほとんど夫婦の会話がありません。だから相手が何を考えているのかまったくわかりません」とおっしゃいます。そこで私は「次のカウンセリングはご夫婦二人で松江まで来られませんか」とおすすめしました。

「夫を連れて来ても何も話さないと思います」と言われましたが、ぜひお連れくださいとすすめて、お二人で来られることになりました。

　カウンセリングでは、ご夫婦が一緒に来られると、お一人ずつお話を伺う時間を設けています。このときも家ではまったく話さないというご主人からも個別にお話を伺いました。すると、普段は何も話さないというご主人がどんどん話してこられました。

　妻のほうは夫は無口だと思い込んでいますが、ほんとうは話したいことが山ほどあったのです。じつは、このご主人にかぎらず、カウンセリングルームに来られる男性たちは堰を切ったように話される方もとても多いのです。

　それは、私がカウンセラーなので話しやすいこともあるでしょうが、普段の生活を離れ、出雲の地の自然あふれる環境のせいもあると思います。気持ちがほっとして、話しやすくなったのでしょう。

家の中では子どもがいても、ついつい大声で怒鳴り合ってしまうというご夫婦がいました。お二人には、ホテルのラウンジの喫茶店などでお話ししてみることをおすすめしました。さすがに大声を出せませんから、感情的にならず冷静に会話することができたそうです。

あるいは、小旅行もおすすめです。カウンセリングルームに来られる方には、ご夫婦で小旅行をかねて出雲の地に来ませんかとおすすめしています。どこでもいいので、普段の生活から離れ、まったく違った環境の中で二人で過ごすと、ゆっくりと会話しやすくなります。

旅行でなくても、二人で映画を観に行くとか、朝の散歩に二人で出かけるのでもいいと思います。二人横に並んで同じ景色を眺めながら歩いていると、自然に言葉が出てきて、普段話せないことも自然に話しやすくなると思います。

☆夫婦の寝室を同じにすると会話の機会が自然に増える

私はカウンセリングで、夫婦の寝室をどうしていらっしゃるのかたずねることがあります。すると、とうの昔から別々で、このごろは食事も別々、洗濯物も別々とおっしゃる方がいます。

あるご夫婦の場合は、最初に寝室を別々にしたのは、互いの時間のリズムが違うので、そのほうが二人ともゆっくり睡眠できるという軽いノリだったといいます。ところが、寝室が一緒だったときは、自然に一日あったことを互いに話していたのに、別々にしたことでそんな会話がなくなったそうです。

じつは、カウンセリングで話を聞いていますと、夫婦の寝室を別々にしている方が多くなっています。理由はいろいろですが、それで夫婦が自然に会話する機会を失ってしまうことが心配です。

それでカウンセリングでは、最初から毎晩ではなくてもいいので、一週間に2日とか3日と少しずつ寝室を同じくする日数を増やしてみてくださいとお願いしています。

@夫婦カウンセリング20年で実証【楽しい会話がよみがえる5つのステップ】

Step1☆幸せだな、楽しいなと感じたことを書いてみる

カウンセリングに来られる方のなかには、何カ月も夫婦でまともに会話していないという方がけっこうおられます。ときには、何年も夫婦らしい会話をしたことがないという方もいます。

そんなカップルが会話の大切さを再認識したとしても、いきなり向き合って夫婦らしい言葉を交わすのはむずかしいことです。そこで、カウンセリングではまず、会話のきっかけをつくるために、自分の気持ちを文章にして書く作業をしていただいています。

たとえ何年も夫婦らしい会話をしていなかったとしても、結婚当初からそうだったた

わけではないでしょう。普通に笑いながら言葉を交わしていたときもあったはずです。楽しいな、幸せだなと思えたこともあったかもしれません。今はあまりに夫婦の葛藤が激しいので、そんな気持ちが心の奥に押しやられているだけだと思います。

そこでカウンセリングでは、ご夫婦それぞれの気持ちを聞いたあと、次のステップとして、結婚生活のなかで幸せだなと感じたこと、楽しいなと感じたことがなかったか、静かに振り返りながら、思い浮かんだことを書いていただきます。

そんな思い出なんかとっくに忘れてしまったとおっしゃるご夫婦もいますが、ほんとうは、二人の気持ちの歯車がかみ合わないために、幸せだったことを振り返ったり、静かに気持ちを整理したりする余裕がなかっただけなのです。

ですから、カウンセリングではできるだけゆっくり時間をかけて、これまでの日々を振り返りながら、書く作業をしていただきます。こうすると、いろんな思いがこみ上げてきて、書きながら涙を流される方もいます。

カウンセリングでは、幸せだな、楽しかったなと感じたことを書き出す作業が終わったら、次は夫婦同席の場で、それぞれ声に出して自分が書いたことを読んでいただだきます。よく出てくるのは、こんな話です。

・子どもが生まれたときのこと
・家族みんなで泊まりに出かけたときのこと
・家族で山に登ったときのこと
・家族で海にでかけキャンプしたときのこと
・病気のときに看病してくれたこと
・子どもの入学や卒業のときのこと
・子どもが結婚したときのこと
実際に出てきた話を挙げてみます。

☆なかなか子どもが授からなかった私たちに待望の赤ちゃんが宿ったことを知ったとき、あなたは私を抱きしめ涙を流しながら一緒に喜んでくれましたね。

☆はじめて子ども連れで動物園に行ったとき、３人で手をつないで歩いていたら、ほんとうに幸せだなと感じました。

☆３人でキャンプに行ったときのこと覚えていますか。あのときの満天の星はほんとうにきれいでした。

☆次男が生まれるとき、家族みんなで私の腰をさすって心配してくれましたね。無事に元気な男の子が生まれ、二人で子どもが二人になったことを喜びましたね。

☆私が落ち込んでいるとき、私を責めずにすべてを受け止めて話を聞いてくれたとき、ほんとうに嬉しかったです。

妻がこんな思い出を読み上げるのをじっと聞いている夫の目に涙が浮かんでいることもあります。夫が読み上げていると、妻の目にも涙が浮かんでいることがあります。

そんな光景を目の前にすると、私まで、やっぱり夫婦って素適だな、家族っていいなと涙が流れてきます。

お二人それぞれに読み上げていただいたあと、今度は私からその思い出について質問をします。すると、ご夫婦で「こうだったでしょう?」「ああだったでしょう?」などと会話が始まります。

読者のみなさんも書いてみてください。もし可能でしたらご夫婦で書いて互いに読み上げていただくといいのですが、お一人で書かれる場合でも、書いたことをそれとなくパートナーに「あんなことがあったわね」「こんなこともあったわね」と話してみてください。

「この人は今でも二人のきずなを大切にしてくれているんだ」とパートナーが感じてくれたら、そこから会話がつながっていくかもしれませんよ。

Step1☆幸せだな、楽しいなと感じたこと（夫と妻それぞれ5つ）

愛するあなたへ

様

覚えていますか？　こんなことがありましたね。あのときとっても幸せでした。

①

②

③

④

⑤

（コピーしてご利用ください）

Step2☆パートナーの素適だな、素晴らしいなと思うところを書いてみる

カウンセリングでは、次はパートナーの素適だな、素晴らしいなと思うことを書きだしてもらいます。すごく苦労して書いている方もいれば、すらすらと書かれる方もいます。書き終わったら、また読み上げていただきます。このときは、ご夫婦の顔に笑みも出てきて、カウンセリングルームの中はとても明るい雰囲気になります。

よく出てくるものを挙げてみます。

〈夫の素晴らしいところ〉

・一生懸命仕事をしていること
・やさしいこと
・まじめなこと
・家事を手伝ってくれること
・子どもと遊んでくれること

〈妻の素晴らしいところ〉

・料理が上手であること
・子どもたちをやさしく育ててくれたこと
・よく気がつくこと
・やさしいこと
・センスがよいこと
・仕事が早いこと

読者のみなさんも書いてみてください。もし可能ならご夫婦で書いてみて、互いに読み上げるといいですよ。お一人で書く場合は、あなたが妻ならば夫の素晴らしいことを書くとともに、自分が妻として素晴らしいと思うことも書いてみてください。こうすると自己肯定感が持てます。気持ちが落ち着いてきて、いつもはパートナーの不満なところばかり目について会話するのも嫌だったけど、ちょっと話してみようかなという気持ちが湧いてくると思います。

Step2☆パートナーの素敵だな、素晴らしいなと思うところ（5つ）

①

②

③

④

⑤

（コピーしてご利用ください）

Step3☆ほんとうはどんな夫婦になりたいのかを書いてみる

カウンセリングでは次に、ほんとうはどんな夫婦になりたいと思っていたのか自分に問いかけながら書きだしてもらいます。さらに、そのために自分はどんな努力をすべきなのかも書いていただきます。

これも書き終わったら、互いに読み上げていただきます。

読者のみなさんもやってみてください。可能ならご夫婦で書いて互いに読み上げてみるといいですよ。お一人で書かれる場合は、あなたが妻なら、まず妻としてどんな夫婦になりたいかを書きます。夫としてどんな夫婦になりたいかは、夫の気持ちを想像しながら書いてみてください。あなたが夫でも同じです。

こうすることで、パートナーはほんとうは自分に何を求めているか、自分はパートナーにほんとうは何を求めているのかが見えやすくなると思います。その分、夫婦の会話はスムーズになります。

Step3☆あなたが願う夫婦像（5つ）

①

②

③

④

⑤

（コピーしてご利用ください）

Step4☆二人がそれぞれ努力すべきことを書いてみる

カウンセリングでは、どんな夫婦になりたいと思っていたのか、互いの思いを知ったところで、次はそのためにそれぞれが努力すべきことについて書いていただきます。この作業を行なうころになると、二人の心の距離も体の距離もぐっと近づいてきます。二人でそれぞれの用紙を見比べながら、これは入れようと、これはカットしようと話し合う姿は、２時間前、３時間前に深刻な顔で訪れたときのことが嘘のようです。

読者のみなさんもやってみてください。最初からご夫婦で難しいようなら、まずあなた一人で考えてみてください。パートナーにも努力してほしいことも考えてみてくださいさい。そして、まず自分から努力を始めてみてください。その姿を見てパートナーに変化が現われたなら、二人でゆっくり話し合うチャンスです。

Step4☆二人がそれぞれ努力すべきこと（5つ）

①

②

③

④

⑤

（コピーしてご利用ください）

Step5☆パートナーにラブレターを書いてみる

カウンセリングでは、ここまで終わったらいよいよ最後のラブレター作成です。日本では結婚前も含めてパートナーにラブレターを書いたことがある人は少ないと思います。五十代以降の方で若いころに書いた覚えがある方はおられるかもしれませんが、若いカップルは一、二行のメールで愛を伝えたという感じの方が多いかもしれません。

そこで、カウンセリングでは最後のステップとしてラブレターを書いていただきます。今まで書いたことがないので、どんなふうに書いたらいいかわからないとおっしゃる方もいるので、私のほうで、こんな流れで書いてくださいと書き込み用紙を提供しています。

最初の段落は、「いつも」から始まって「ありがとう」で終わる文章です。ここでは、感謝の気持ちを伝えます。

次の段落は、「そして」から始まって「ごめんなさい」で終わる文章です。ここでは、これまでパートナーに負担をかけたことを素直に謝罪します。

次の段落は、「これからは」から始まって「頑張ります」で終わる文章です。ここでは、今後夫として妻として努力することを伝えます。

そして最後の段落は、「最後に」で始まって「と一言、言わせてください」で終わります。ここでは、改めてパートナーに対する愛情の気持ちを伝えます。

必ずこんなふうに書かなくてもいいのですが、ラブレターを書くことに慣れていない方にはおすすめです。たとえば、夫が書くなら、こんな感じです。

☆いつも、おいしい食事を作ってくれてありがとう。子どもたちを育ててくれてありがとう。

そして、今までいろんなことを気づかずにいて、ごめんなさい。

これからは、なるべく早く帰って家事や育児も手伝うように頑張ります。

最後に、僕にとってのあなたは、いつまでもいつまでも大切な人です。愛しています。これからもずーっと仲良くしていきましょう。

必ずしも長く書く必要はありません。誠実な気持ちが伝わる言葉が並んでいれば良いのです。

カウンセリングでは書き終えたら、そのラブレターを読み上げていただきます。そのときは、カウンセリングルームの中が、まるで今から結婚の誓いを述べるような雰囲気になります。聞いている夫や妻、そして同席している私も涙が流れて止まらなくなる瞬間です。

最後にお二人でハグしていただき、「これからは夫婦の会話を大切にして絶対にお幸せな夫婦になってくださいね」と私からも言葉をかけています。

読者のみなさんもパートナーにラブレターを書いてみてください。これまでは言葉にしたことがなかったかもしれませんが、あなたの心の中に秘めていたパートナーへの思いやりの気持ちを言葉にしてみてください。

カウンセリングルームで行なうようにパートナーの前で読み上げるのはむずかしいと思いますが、ラブレターを書くことでパートナーを思いやる気持ちを確認できますし、可能ならラブレターをそっと渡してみるといいですよ。

Step5☆パートナーへのラブレター

愛する　　　　　　さんへ

いつも

ありがとう。

そして

ごめんなさい。

これから

頑張ります。

最後に

と一言、言わせてください。

（コピーしてご利用ください）

@まずはあなたから明るいあいさつを

カウンセリングで夫婦の会話のきっかけをつかまれたとしても、何カ月、何年と会話のなかった二人が自宅に戻られてすぐに夫婦らしい会話を交わそうとしても、そう簡単にはいかないでしょう。

そこで、カウンセリングの最後に、ご自宅に戻られたら、まず明るくあいさつの言葉をかけ合うことから始めてくださいとお願いしています。

ご主人は出かけるとき、それまでのように黙って出かけるのではなく「行ってくるね」と奥様に声をかけます。帰ってきたら「帰ったよ」と声をかけます。

奥様は、どんなに手がふさがっていても、いったん手を止めて「行ってらっしゃい」「お帰りなさい」と返します。これくらいは、どんなに忙しいとしてもわずか数秒ですみます。

たったこれだけですが、二人の心の中がふぁっと明るくなると思います。朝ならば、送り出される夫は、妻は自分のことを大切にしてくれているという安心感、信頼感を感じることでしょう。

読者のみなさんも、騙されたと思って一週間でも二週間でも続けてみてください。特別に意識しなくてもあいさつの言葉が出てくるようになったら、夫婦の会話も増えていることでしょう。

たとえば、あなたが夫で、朝起きて妻と顔を合わせたとき言葉も交わさず、むすっとしたまま食事をしていませんか。もしそうなら、朝妻の顔を見たら「おはよう」と明るく声をかけてみてください。

すぐには妻からの反応はないかもしれませんが、今は誠実に言葉をかけることが大事だと思って明るいあいさつを続けてください。

さらに「いただきます」「ごちそうさま」「ありがとう」「行ってきます」と、あいさつの言葉を増やしていってください。言葉を返さなくても、妻は夫の変化を感じています。続けていると、小さな声で「おはよう」と言葉が返ってくる日が必ずやってきますよ。

@感情にまかせて言葉をぶつける前にひとまずその場を離れる

相手の言ったことについカッとなって頭に血がのぼり、勢いで言ってしまった言葉を後悔したことはありませんか。

誰でも感情が高ぶりカッとしたまま言葉を口にすると、感情の抑制が効かず、とんでもない言葉を吐きだしてしまいやすいものです。その言葉でパートナーの心を傷つけてしまい、夫婦の信頼が壊れていきます。

しかも、感情的になって言葉を吐いた側は忘れていることが多いものですが、傷ついた側の心にはその言葉がいつまでも残ります。カウンセリングで話を聞いていますと、それがずっと心に引っかかったままだとおっしゃる方がたくさんいます。

そんなとき私は、カウンセリングのなかで

「どんなにカッとなってもその勢いで言葉を吐かないでください。絶対にいい結果になりません」

「自分の感情が収まるまで同じ空気の中にいないでください」

「カッとなったら、意地を張らずその場を離れてください。自分の感情が落ち着くまで家に戻らないでください」

とアドバイスしています。

感情は時間を置けば必ず落ち着いてきます。冷静に考えられるようになると、自分の問題点も見えてきます。そうなってから「さっきはごめん」と一言言えれば素適ですね。

@妻と夫の心が近づく賢い言い方・伝え方10カ条

ここまで、夫婦の会話についてカウンセリングルームでお伝えしていることを紹介してきました。

私はカウンセリングの最後に、そのポイントを「妻と夫の心が近づく賢い言い方・伝え方10カ条」として箇条書きにして確認することにしています。

読者のみなさんも、このパートの最後に確認してみてください。

①本来、女はおしゃべり、男は無口と認識しておきましょう
②互いの名前に「さん」を付けて呼んでみましょう
③妻が言葉をかけるときは少し高めの明るい声を心がけましょう
④ほめ言葉、感謝の言葉を多くしてみましょう
⑤語尾をちょっとていねいにしてみましょう
⑥最後の結論や決定を相手に任せる言葉遣いを大切にしましょう
⑦まず自分から明るくあいさつをしましょう
⑧感情にまかせて言葉をぶつける前にひとまずその場を離れましょう
⑨ときには日常を離れた所で会話しましょう
⑩夫婦の寝室での会話を大事にしましょう

Ⅲ

夫婦のきずなは〝個人の結びつき〟だけではない！

@100%離婚しないカップルを誕生させる仲人さんのとってもいいお話

少し前までは、どこの地域にも世話好きな仲人さんがいて結婚の仲介をしていたものです。私がまだ学生だったころ、地域の仲人さんが私の縁談の話をわが家に持ってきたことがあると母から聞いたことがあります。

母はさすがに、まだ学生ですからと丁寧にお断りしたそうです。多分あのころ（30年前くらい）はまだ、親がわが子に合う結婚相手を探したり、仲人さんにお願いしたりしていたのだと思います。そうした仲人さんが全国各地に今どれくらいいるのかわかりませんが、私が住んでいる島根にはまだけっこうおられます。

私がカウンセリングで出会うご夫婦のほとんどは恋愛結婚で夫婦になった方たちです。それは時代の変化を反映していますが、それにしても仲人さんを介して結婚されたご夫婦がカウンセリングに来られることはほとんどありません。

恋愛結婚で結ばれたご夫婦とどこか違いがあるのだろうかと、夫婦カウンセラーとして長年関心をもっていました。

じつは私が住んでいる松江市で40年近くにわたって１２０組以上のカップルの仲人をした高橋秀明さんという方がおられます。これまで高橋さんが仲人をしたご夫婦とは生涯にわたってお付き合いをされていて、壊れたカップルは一組もないといいます。親子二代にわたって仲人をしたカップルも何組かいるそうです。

@夫婦円満6つの秘訣

高橋さんに「今は三組に一組が離婚するとまで言われる時代ですが、これまで仲人をしたご夫婦には一組も離婚がないそうですね。どんなふうに仲人されているのか教えていただけませんか」とたずねてみたことがあります。

高橋さんは「簡単なことですよ」と前置きして、仲人した二人が夫婦になるとき、必ずお話しして伝えていることがあると言われました。１００％離婚しないカップルを誕生させてこられた高橋さんのお話には、私たちが夫婦について考えるうえで、さらには夫婦だから知っておきたい賢い言い方・伝え方を考えるうえで、とても役立つ内容が秘められています。それを「夫婦円満になる生き方6つの秘訣」として紹介することにします。

(1)「己の身の丈を知る」

「自分は100%の人間でしょうか？　もし100%だと思わないのなら、なぜ相手にだけ100%の人間であることを要求するのでしょうか。それでも相手に100%を願うのなら、まず自分自身が100%の人間にならないといけないでしょう。

そんな人間はいないということをしっかり知ることです。それが『己の身の丈を知る』ということなのです。ですから私は、仲介した二人に『ほどほどのところで互いを受け入れ合いなさい』とお話ししています。

そのためには、自分の長所はもちろん、短所もしっかり自覚しておくことが必要です。人間は自分の短所には気づきにくいが、相手の短所には敏感ですし、それが気になって煩わしく感じやすいものです」

高橋さんがおっしゃるように、私たちには人の短所はよく目につくのに、自分の短所は見ようとしない癖があります。それが夫婦関係を難しくすることもあるのです。

私のカウンセリングの現場でも、パートナーを激しく罵り、互いに責め合う夫婦の姿を目の前にすることがよくあります。相手ばかりでなく自分にも夫婦関係を悪くしている短所があることは見えなくなっているのです。

そんなとき私は、「心を静めてパートナーの立場でちょっと考えてみてください。私たちは妻として、夫としてそんなに完璧でしょうか。もちろん、長所もありますが、短所だっていっぱいあります。それはお互い様でしょう」とアドバイスします。

高橋さんがおっしゃるように「己の身の丈を知る」ことが大切です。自分はまだまだ夫婦として相手を幸せにするには未熟な人間であり、もっともっと修業が必要だと謙虚に自分を見つめる心がけが必要なのです。

カウンセリングに来られる方には、会社のトップとして社員を抱え、指導的な立場にある方や、医師、教師、技術者など、それぞれ社会的には責任の大きなお仕事をされている方も多くいます。

どなたも社会人として素晴らしい活躍をされていますが、家庭人として、つまり夫として、妻として、あるいは親としてはかぎりなく寂しくて孤独な方が多いのです。なぜそうなっているのでしょうか。理由はいろいろあるでしょうが、社会人として成長するために努力してきたのに比べて、家庭人として成長するための努力はどれくらいしてきたかが問われているように思います。

みなさん、お仕事では常にご自分の限界に挑戦し、周りの評価を高めるよう努力し続けておられます。しかし、パートナーや子どもたちを愛するためにどれほど努力してきたかと問われたら、どうでしょうか。カウンセリングでは、それを顧みる時間を大切にしています。

高橋さんが、これから夫婦になる二人に「己の身の丈を知る」ことが大切だとお話しされているように、「自分はまだまだ足らない者ですが、どうぞよろしくお願いします」という謙虚な心が、夫婦の会話を豊かにし、試練を乗り越えていくためには必要なのだと思います。

(2)「結婚は互いを育て合っていく人生の入口」

高橋さんは長年、実業家として活躍されてきた方です。そんなことから、たくさんの方とお付き合いがあります。とても人望があり、世話好きで、昔からお見合いの相手探しを頼まれることが多かったそうです。

この人にはあの人がいいと思うと、二人を引き合わせますが、そのとき必ず「結婚は互いを育て合っていく入口」であるとお話しするそうです。

私もまったく同感です。結婚をゴールだと思って婚活に励む人がいますが、結婚は新たな人生のスタートラインなのです。二人が夫婦として歩む人生の始まりなのです。

夫婦として生きる人生にはさまざまな苦難が襲ってくることもあります。それを一つひとつ乗り越えていくことで、夫婦として成長していけるのだと思います。そんな夫婦生活がスタートする結婚は、高橋さんがおっしゃるように、互いを育て合っていく人生の入口なのです。

カウンセリングに来られた方が「もうこの人と一緒にはやっていけない。別れるしかないかもしれません」と、重い口を開かれることがあります。そんなとき私は「あまり先を急がないでください。ちょっと立ち止まり、せっかく出会ったお二人がこれまでどんなふうに互いを育て合ってきたか、振り返ってみてください」とお話しします。

「お二人はどんなふうに出会ったのですか。お二人しか知らない素適な出会いがあったのではありませんか。それがあったから結婚し、ご夫婦になられたのですよね。

今お二人の間に不和が生じているのは、そのこと自体が問題なのではなくて、せっかく出会い、夫婦になりながら、妻として夫として互いをどのように育て合ってきたかが問われているからです。そのことを反省してみることがいちばん大切だと思います」

じつは、高橋さんから「結婚は互いを育て合っていく人生の入口」であるという言葉を聞いたとき、私自身も若いころのことを思い出しました。仕事人間だった私は二十代も後半になったころ、

「このまま一人で生きて、いくらいろんなことをしても、これ以上私は人間として成長できない」

と思ったのです。それは私の心の奥底から湧いてきた思いでした。「もし私にも出会いがあったら、その人と一緒に夫婦として成長したい。子どもも産んで親になってみたい」。そういう生き方が人間として豊かな生き方になるのではないかと思ったのです。

何事も出会いを大切にしなければ、新しいことは始まりません。結婚生活も、生涯のパートナーとなる人と出会うところから始まります。そこから夫婦となり、親となり、家族となることで成長していくことができます。

私も夫と出会い、３人の子どもに恵まれ、妻として母親として成長するチャンスを与えていただきました。気づいてみたら、３人の子は23歳、21歳、18歳になっています。ついこの前まで母親のそばを離れず付きまとっていたのに、今では母の背丈をはるかに超えて見上げるようです。

「こんなに大きくなって……」と思いながらも、私の心には、ともに過ごした年月分の思い出がいっぱいつまっています。そんな子どもたちにめぐまれ、祖父母、父母、私たち夫婦と四世代が同居する大家族で過ごした20年間は、涙もいっぱいありましたが、心から幸せだなと思える日々でした。

ときには、もしあのまま一人で生きていたら、いったいどんな人生を歩んでいただろうと思うことがあります。一人でいたほうが自由に使える時間やお金は多かったかもしれません。それによって得られた満足もあったことでしょう。そのほうがいいと考える人だっているでしょうが、それは今私が感じている満足とはまったく違ったものだったと思います。

未婚の若い世代の方を対象に、結婚について講演やセミナーを依頼されることがあります。会場には、まだ結婚については考えていないという二十代、三十代の方たちも参加しておられます。

そこで、参加者にまだ結婚しようと思わない理由があったら教えてくださいとたずねると、こんな答えが返ってきます。

「適当な相手にめぐり会えないから」

「結婚の必要性を感じないから」

「自由な時間がなくなるから」

「気ままな生活ができなくなるから」

どの答えにも、家族に拘束されるより個人としての自由を大切にしたいという気持ちが表われているようです。私も若いころの自分を思い出すとわかる気もしますが、心の中には、このまま一人で人生を終わってもいいのかという不安があるのも確かだと思います。

ほんとうは、適当な出会いがないのではなくて、夫婦となってともに成長していきたい意志がはっきりしていないから、出会いを見逃しているのかもしれません。

最近、学生向けに「ライフデザインプログラム」という講座が行なわれ、人生を総合的に考える機会を設ける大学が増えてきています。一人で生きる人生と、夫婦として親として生きる人生はどう違うのか。男女が出会い、夫婦として家庭を築いていくにはどんな資質が求められるのか。そうしたテーマを男子学生と女子学生が仮の夫婦になって話し合うそうです。

高橋さんがおっしゃるように、結婚はゴールではなく、「結婚は互いを育て合っていく人生の入口である」ことが若い学生たちにも伝わること、そして将来結婚してパートナーと何でも話し合えるスキルを身に付けることを期待しています。

(3)「結婚する二人の出会いは奇跡中の奇跡」

高橋さんが仲人として二人を引き合わせたとき、その場でこんなお話もされるそうです。

「私たちは猿でもなく犬でもなく、人間として生まれました。しかも、自分が選んだわけでもないのに、気づいたら男であったり女であったりしたわけです。いったいどうしてそうなったのでしょうか。少なくとも自分で決めたのではないのだから、誰かが決めたのにちがいありません。天が決めたと言ってもいいでしょう。

ですから、私たちは今の自分を自ら選んで生きているのではなく、生かされて生きているのですよ。

それだけじゃありません。人間として与えられた命を親から子へとつなげてきてくれたご先祖さんがいたから、今私たちはこうして存在しているし、二人が出会って夫婦として生きることもできるのですよ。

人間として生まれてきたことだけでも奇跡なのに、たくさんいる男女のなかで二人が夫婦となるべく出会ったことはもっと奇跡です」

わが家にベルという愛犬がいます。このベルと生活してすでに10年ぐらい経ちます。今は、ベルの鳴き声を聞くだけで何を求めているのかわかりますし、ベルの表情を見るだけでも訴えたいことがわかります。

すでに人間の年齢ですと70歳くらいのおばあちゃんですが、体の小さい犬なので、かわいくてたまりません。私は、そんなベルと散歩をしていて、ふとこんな思いになることがあります。なぜ、ベルは犬として生まれてきて、私は人間として生まれてきたのだろう？　もし逆に私が犬として生まれていたら、ベルのように賢く、忠誠心のある犬になれただろうか？

高橋さんも仲人した二人にこんな話をされるそうです。「自分の意志でこの世に人間として生まれてきた人は誰もいません。気がついたらそうなっていたのです。それは、人間としてやらなければならないことがあるからだと思います。二人が結婚するのもそうです。

夫婦になり、親になって先祖からいただいた徳を次の世代へとつなげていく。少なくても、そう考えたほうが生きる力が湧いてくると思いますよ」

高橋さんはそういう考え方で仲人をしているといいます。ですから、この人にはどんな相手を紹介したらいいかと考えるとき、二人の性格や経済事情、仕事のこと、親族のことを考えるのはもちろんですが、もっと大事にしていることがあるそうです。

20年、30年、40年と続くかもしれない結婚生活は山あり谷ありですし、突如、台風のような嵐に見舞われることだってあります。夫婦の真価が問われるのは、そんな試練に遭遇したときです。

それでも二人で乗り越えていけるように、それぞれがもっている感性や運勢のことまで含めて総合的に考えるそうです。

私も夫婦カウンセリングをしていて、似たようなことを感じることがあります。同じような運勢をもっているために、仲良くやれているときは互いに運勢を高め合えるのですが、二人の関係がうまくいかなくなると、ますます悪い方向に流されていきます。

そうなるとパートナーの運勢の悪さまで批判し、「お前は疫病神だ」「あなたといると人生が落ち込むばかり」と罵り合う夫婦もいます。

そんな姿を目の前にしていると、高橋さんがおっしゃるように、人間としてこの世に生まれた奇跡、しかも二人が夫婦として出会った奇跡に感謝する心を取り戻すことが何より必要だと思わされます。

そのことに気づくことで、夫婦の会話を取り戻すことができ、再スタートできたご夫婦はたくさんおられます。

(4)「お金と男女問題で恨みを残してはいけない」

高橋さんは夫婦になる二人に対して、お金と男女問題についても話されるそうです。

「夫婦が互いを信頼し合って生きるには、お金のことと男女問題のことについても配慮しなければなりません。このことで恨みを残すと、それは子どもや孫の世代が一生をかけても晴らしていかなければならない宿題になります。

全ては因果応報ですよ。夫婦として人様から喜ばれる生き方をしないといけません」

これは、高橋さんの長い人生のなかで心から実感して来られたことだといいます。たしかに、私がカウンセリングで出会うご夫婦が抱える現実的な問題も、そのほとんどはお金のことか男女問題です。家庭にお金を入れてくれなくなった夫とはこれ以上一緒に暮らせない、他に付き合っている異性がいて絶対に許せない、といった悲痛な訴えを聞くことがよくあります。

たしかに、現実問題としてはお金のことと男女問題が家庭を崩壊させる一番の要因です。それは確かですが、高橋さんは夫婦がお金と男女問題で恨みを残すと、子どもや孫の代が生涯かけて、あるいは命を捧げてでも晴らしていかなければならなくなると言われています。

私は20年、夫婦カウンセラーをしていても、そこまではわかりませんでしたが、夫婦の間で起こったことをそのままにしておくと、二代、三代と同じ過ちがくり返されていきやすいものだと感じることはあります。

少し前までの日本には、親の世代や祖父母の世代から子へ孫へと言い継がれてきた家訓みたいなものがあったように思います。たとえば、「嘘をついてはいけない、嘘は泥棒の始まりだ」「人の物を盗んだら、その家はつぶれてしまう」「男女関係を誤ると末代まで血が汚れる」といった具合に、お金や男女に関することを折につけて子どもに語り聞かせていました。

高橋さんは、これから夫婦になる若いカップルに、このようなことをあらためて語り伝えようとしておられます。

(5)「口は災いの元。小さなことは見ざる、聞かざる、言わざる」

「口は災いの元」まさしくそのとおりです。最初のパートでもお話ししたように、カウンセリングの現場でも、たった一言がカミソリのように相手の心を傷つけ、離婚寸前の状態にまで陥ってしまったというご夫婦はけっこう多いのです。

言葉には人の心を生かす力がありますが、カッとなったりイライラしたりしているときに発した言葉は、相手の心を傷つけやすいものです。百二歳で亡くなったわが家の祖父は「見ざる、聞かざる、言わざるがいちばん賢い」とよく話していました。

夫婦の会話で自分の考えのほうがどんなに理に適っていると思っても、相手のほうが絶対おかしいと思っても、相手を思いやる気持ちがないまま吐いた言葉は夫婦の心を遠ざけてしまいます。

常に自分を振り返り、自分の心を磨くことを意識することが大事です。なぜなら、毎日歯を磨いたり、顔を洗ったり、お風呂に入って体を綺麗にすることは忘れなくても、自分の心の汚れを取り除き、心を磨くことは忘れてしまいやすいからです。そのくせ、相手の心の汚れは気になってしかたないのです。

今日は家族を思いやることを何かしただろうか。パートナーのためにやさしい言葉をかけてあげただろうか。そんなふうに自分に問いかけることを忘れてはいけないのです。

私たちの体は意識していなくても自然に成長していきます。しかし、私たちの心の成長は、どんな意識をもつか、どんな自覚をもつかで変わってきます。そこが、私たち人間と動物の決定的に違うところです。

高橋さんは、「人間の心は恐ろしいことに、常に磨いていかないと鬼のようになる」と言われます。たしかに誰の心にも、ねたみ、恨み、嫉妬、怒りといった感情の種があります。心を育てる努力をせず放っておくと、その種が芽を出し、大きくなって心に溢れるようになっていきます。

たとえ夫婦であっても、常に自己を反省すること、パートナーを思いやる気持ちを大切にすることが必要です。それを怠っていると、パートナーに対してねたみ、恨み、嫉妬、怒りといった感情を抱きやすくなります。

高橋さんがこれから夫婦になるカップルに伝えている「口は災いの元。小さなことは見ざる、聞かざる、言わざる」という言葉には、そういう意味が込められているのだと思います。

⑹「愛情があってこそ夫婦という男女の縁が子孫につながる」

どんなに立派な男性であっても、どんなに素適な女性であっても、夫婦という縁を得ることができなければ、一人のままで人生は終わってしまいます。夫婦としての営みを通じて、はじめて先祖から受け継いだものを次の世代に引き渡していくことができるのです。

自然界の生物が命がけで行なっていることは、子孫を残すことです。たとえば鮭は、生まれ故郷の川を下って大海に入り、最後に再び生まれ故郷の川の上流に命がけで戻って来ます。そこで産卵し、子孫を残すためです。そして、自らの命は絶えます。

自然界の生き物は、本能に従ってこうした営みをくり返しています。私たち人間も自然の一員であるという意味では、子孫を残そうとする本能をもっていますが、それだけのために男女が結ばれるわけではありません。他の生物とは違い、私たち人間には、その本能を自覚し、どう使うかを選択する能力があるからです。

一人の男性と一人の女性が夫婦となり、親子となって命を引き継いでいくとき、いちばん大事なものは愛情です。それがなければ、夫婦として結ばれる喜び、親子として結ばれる喜びを得ることができません。

ですから、カウンセリングでも「うちの夫には愛情を感じない」「うちの妻には愛情がない」と訴える方がいます。しかし、その愛情とはどんな愛情のことをイメージしているのでしょうか。

あれをしてほしい、これをしてもらいたいという要望に応えることも愛情の表現だと思いますが、それだけでは夫婦の愛情を深めていくことができないと思います。高橋さんがカップルたちに伝えている「愛情があってこそ夫婦という男女の縁が子孫につながる」という言葉にあるように、夫婦の愛情の本質にあるものをしっかり理解しておくことが大事です。

そのことがわかっていないと、日々の生活で行き交う感情にのみとらわれて、愛情の本質が見えなくなってしまいやすいのです。海にたとえてみます。海の表面は風がやんで波が静かなときもあれば、激しい風雨で荒れ狂うこともあります。航海する船はその変化に正しく対応しなければなりませんが、遠くまで無事航海するには、海流をとらえておくことがもっとも大事です。

夫婦関係でも日々の感情は海の表面のように穏やかだったり、激しく揺れたりと変化するでしょう。しかし、二人の関係を深いところでつなげている愛情の本質を見失うと、夫婦として最後まで航海を続けることがむずかしくなります。

高橋さんはこれから夫婦になるカップルに、その愛情があってこそ夫婦として生きていけるし、それは子へ孫へとつながっていくと伝えています。

@自分の好みだけで○×を付けてはいけない――動機を誤ると修正が大変

高橋さんが仲人としてカップルを紹介するときのことを考えますと、恋愛や婚活などで結婚するときの落とし穴が見えてくる気がします。その一つは、どうしても自分の好みだけで相手に○×を付けてしまいやすいことです。

女性の場合は、かっこいい人、高学歴の人、経済力のある人が婚活の目安になるようです。ところが、私がカウンセリングをしていますと、こんな素適なお二人なのに、どうして夫婦としてはうまくいかないのだろうというご夫婦の相談を受けることがあります。

プライベートなことに配慮しながら、いくつか典型的な例を紹介してみます。

▽高学歴でかっこいい二人だったのに……

関西地方に住むSさんご夫婦は、身長の高い美男美女カップルです。お二人とも高学歴で、まるでテレビドラマからそのまま抜け出してきたようです。外資系の会社で先輩、後輩として働いていたときに出会ったそうです。夫は今もその会社に勤めていて、かなりの高収入です。

結婚する前の夫は女性たちの人気の的で、いつも女性の目を引いていました。一方、妻は色白の美人でしたが、夫に気持ちを寄せる女性たちを遠くから眺めているだけでした。そのころの妻にとって、夫は好みのタイプではなかったからです。

ところが不思議なもので、夫は自分に言い寄ってくる女性たちより、自分に関心を示さない妻に魅かれたようです。何としても自分に振り向かせたいとアタックしました。妻は自分の好みではなかったので、最初のころは無視していたそうです。それでもアタックしてくるので、ついに折れて一緒に食事をする約束をしました。

そのときはじめて一対一で話してみると、見た目より真面目な人だったので、その後もお付き合いをすることにしたといいます。そうして1年ほど経ったころ結婚しましたが、周りも羨むほど相思相愛で美男美女のカップルの誕生でした。結婚を期に妻は本社勤務から支社勤務になりましたが、そのまま仕事は続けました。

結婚して3年目に待望の第一子が授かりました。真面目な妻は家事と育児そして仕事も完璧にこなそうとしました。生まれたばかりの長女を保育園に預け、そのまま出社します。子どものことと仕事のことだけでも手がいっぱいでしたが、家事もこなす毎日は、まさしく息つく暇もありませんでした。

夫に少しは手伝ってほしいと思いますが、仕事が忙しくなるばかりだと言って帰宅もどんどん遅くなっていきました。妻は、仕事をしていても育児や家事をほとんど一人でこなしました。それなのに、まったく手伝おうとしない夫にイライラしてきて、衝突することが増えていきました。

そんな状態が1年続いたころ、気がつくと夫の外泊が増えていました。不安になって、「話したいことがあるから早く帰って来て」とメールを送りましたが、夫の心はすでに妻からかなり離れていました。外に心を寄せる女性がいたのです。結婚して5年目を迎えていましたが、このままでは結婚生活は続けられないとカウンセリングを申し込んで来られたのです。

結婚したときの妻にとって夫は、美男子で高学歴、高収入という非の打ち所がないお相手だったといいます。夫にとっての妻は美しくて高学歴、そして仕事もよくできる好みの女性だったと思います。そんな二人が結ばれたのに夫婦の危機を迎えたのは、自分の好みで○×を付けて夫婦になったけれども、それだけでは夫婦生活は続かなかったのです。

▽二人とも同じ医師なので理解しやすいと思ったのに……

Aさんご夫婦はお二人ともに医師で、医大のテニス部の先輩と後輩だったことで出会ったそうです。医学の勉学に忙しい毎日でしたが、部活動でともに汗を流しながら交流を深めていきました。先輩である夫が先に国家試験に合格すると、その後は妻が試験に合格できるように物心両面でサポートしました。

妻も国家試験に合格した日に、夫はサプライズで思い切って妻にプロポーズしたといいます。研修医として目が回るような忙しさのなかで結婚生活が始まり、夜勤が入ることもたびたびで、家庭ですれ違うことも多かったようです。それでも、好きな者同士で結ばれた二人には幸せな結婚生活でした。

やがて二人とも勤務医として働くようになると、以前より家庭で過ごせる時間が増えました。夫は、そんな家庭生活のなかに安らぎや温かさを願っていました。ところが、現実は逆で二人が衝突し、口論し合うことが増えていきました。

妻はこんな感じではいけないと思い、早く子どもをもつことを願いましたが、夫としては、こんな夫婦生活のまま子どもをもつことなど考えられませんでした。この考え方の違いが二人の関係を決定的にむずかしくしていきました。

仕事と家庭は人生の両輪ですが、家庭にトラブルを抱えると仕事にもトラブルが起こってくるものです。このままでは、家庭と仕事、両方ともダメになってしまうと感じるようになり、結婚7年目を迎えたところで二人は離婚を考えるようになり、カウンセリングに訪れたのです。

医学生時代に出会い、二人の好みは互いにぴったり合っていると思いましたし、周りからもお似合いの夫婦だと喜ばれました。しかし、自分の好みの基準に合っているという尺度だけはうまくいかなかったのだと思います。

▽お金持ちの夫と30年過ごしたが……

Tさんご夫婦は、夫はゴルフ場を経営する二代目オーナーです。ある日、車に乗ってのどかな田園地帯にあるカウンセリングルームにご夫婦でやって来られました。車はその風景とはあまりにミスマッチな高級車でした。そこから降りて来られた夫は、まるで芸能人ではないかと思うほど派手な装いでしたが、反対に妻はとても控え目な感じのする女性でした。

お二人は結婚30年のベテラン夫婦で、お子さんたちはすでに社会人として独立しておられました。妻は、残された老後は夫婦二人でゆっくり過ごしていくつもりでしたが、ある日、夫が若い女性と親しげに歩いている姿を目撃してしまったのです。

過去にも何度か女性問題はありましたが、その都度若気の至りと思い、許して納めてきたといいます。

ところが、夫は60歳に手が届きそうな歳になった今も、女性と付き合っていることを知って、この人と夫婦として生きてきた私の人生は何だったのだろうという思いが襲ってきたそうです。

子どもが大きくなるまではと思い、これまでは何とか夫の女性問題は許してきたのに、またもや悩み苦しまなければならないと思うと、死んでしまいたくなったと辛い気持ちを訴えられました。

カウンセリングで妻が話してくださったなかに、こんな言葉がありました。

「私はこれ以上、何も欲しいものはありません。夫の裏切らない愛が欲しいだけです。自由になるお金や時間が山のようにあるということは、ほんとうに不幸なことです。妻の心からは常に心配が離れません。私は、信頼できる愛を得られないまま人生を終えるのかもしれません」

聞いていて心に重く響く悲しい言葉でした。続けて妻は「普通の夫婦になることは、こんなにも難しいことなんですね」と涙されるのでした。

▽同じ職場同士で気心が知れていると思ったのに……

Yさんご夫婦は、お二人とも教員です。夫は体育の教員で、教員仲間からも慕われるリーダー的なタイプです。180センチの長身で剣道は全国大会で何度も入賞している実力者です。職場では独身時代から、みんなが嫌がる仕事を率先して引き受ける行動派で、独身女性たちの好感度も高い男性でした。

妻が同じ職場で英語教師として勤めていたとき、夫から「結婚を前提にしてお付き合いをしてほしい」とプロポーズされました。すでに三十代を迎えていた妻は、その申し出を受け入れて半年後に結婚しました。

そんな幸せいっぱいのスタートでしたが、4年後に妊娠して育児休暇を取っているとき、夫の不倫が発覚したのです。それでも二人で話し合い、何とか乗り越えました。ところが、第二子を妊娠したときにも夫の不倫が発覚したのです。もうこれ以上、この人とはやっていけないと覚悟してカウンセリングに来られました。

お二人とも同じ教師の仕事をしていますし、お互いを理解しやすい関係にあったと思います。そんな二人が恋愛をして結婚したのに、離婚の危機に直面してしまったのです。

コラム　両家の親は若い夫婦の応援団

カウンセリングの現場にいてとくに若いご夫婦と向き合っていると、難しいなあと感じることがあります。それは、両家の親が何とかして二人が不和を乗り越えられるようにサポートしてくれないことです。両家の親同士の関係も希薄で、かえって二人の関係を複雑にしてしまうこともあります。

本来、子どもたちが結婚したら、両家は親戚となり交流を深めていくべきでしょうが、私のカウンセリング現場で見ていると、夫婦関係がうまくいかない両家の親ほど、それまで交流がほとんどないというケースが多いのです。

そもそも若い二人が結婚するまで、ほとんどの親は何も関与しようとしません。本人たちが自分の好みで選んだ相手だから任せておけばいいと考えるからでしょう。二人が結婚したあとも親同士の交流はほとんどないままです。

その状態で夫婦が壁にぶつかっても、両家の親が協力して二人を支援するのはむずかしいことです。それどころか二人の関係をさらにむずかしくしてしまうことすらあります。

ほんとうは夫婦となる二人には、それぞれが生まれ育った環境、そこにいる父母や親族などがつながっています。そうした背景から切り離してパートナーを理解し受け入れようとしても限界があります。

仲人の高橋さんは、二人を引き合わせる前に、それぞれの親と本人に結婚に対する心得を丁寧に話して準備をしてもらうようにしています。その後、両家の出会いの場を設けて、いつまでも二人を見守る応援団として交流し、若い二人が試練にぶつかっても応援団として支えてくれるようお願いしているそうです。

高橋さんが仲人したご夫婦で離婚したカップルがいない理由のひとつもここにあると思います。

Ⅳ

母から娘、息子に伝えたい結婚生活の心得

@危機は結婚して数年でやってきます

「友達として長い間お付き合いをし、十分お互いのことを知ったうえで結婚したはずなのに、どうしてこんなにうまくいかなくなったのかわかりません」

「大恋愛をして、この人しかないと思って結婚したはずなのに、夫婦になってみたら全然違っていました」

カウンセリングをしていますと、とくに二十代、三十代のご夫婦からよくこんな悩みを打ち明けられることがあります。お付き合いしているときは、夫婦になってもそのままうまくやっていけると思っていたのに、今はもう自信がないと言うのです。

私が、「どんなことがお二人の関係を難しくしていると思いますか」と問いかけますと、いろんな答えが返ってきます。これまでお話ししてきたことと重複することもありますが、あらためて整理しておきたいと思います。

1　妊娠中の夫の不倫

夫の不倫は若い夫婦にかぎらず、どの年代の夫婦にとっても夫婦の危機を招く深刻な問題ですが、とくに二十代、三十代の夫婦についていえば、妻が妊娠中か、育児で目いっぱいになっているころに起こるケースが多いのです。妻が出産のため実家に戻っている間に夫が不倫をしていたということもよくあります。それも、一人目の子どものときより二人目の子どものときに多いのです。

一人目の子どもが生まれたときは、二人にとってはじめて見るわが子であり、可愛らしい反応は刺激的です。ところが二人目になると、そうした感動よりも、子どもが増えた分、夫婦は子どもの世話にかなり時間を取られます。とくに妻は育児に手間がかかり、余裕がないため、夫との会話も少なくなりがちです。

このとき夫婦の間に気持ちの距離ができてしまうことがあります。妻が気づいたときには、夫が別の女性と付き合っていて、ショックのあまり絶対に許せないと離婚まで考えてカウンセリングに来られます。

2　二人の間に愛情を感じなくなった

これは、結婚して2、3年も経たない夫が別れたい理由としてよく話すことです。話を聞いてみると、結婚するまでは仲良く付き合っていたのに、結婚して一緒に生活してみたら妻に愛情を感じなくなったというのです。

付き合っていたときは気楽に話せたし、気まずいときは少し会わなければすんでいた。ところが、夫婦になると毎日顔を合わせることになる。それが苦しくなったというわけです。

その話を聞いていて私がいちばん感じるのは、結婚するときの心構えと結婚に対する理解が足りなかったのではないかということです。家庭生活は夫婦がともに人間として成長し、ともに幸福を実現していく場です。

そこでもっとも大切なのは、夫として妻として相手を思いやる気持ちです。それがあるから、夫婦のきずなを感じることができるし、楽しい会話が生まれ、喜びが湧いてきます。さまざまな試練を乗り越えていくこともできます。

最近は同棲してから結婚する、子どもができたので結婚するというカップルが増えています。それがきっかけでも、夫婦の愛情を育てながら生涯をともに生きていくことへの覚悟や理解が不足していたのではないかと心配になることがあります。

3　妻の暴言がひどくて耐えられない

男性は女性に比べてプライドが高い存在であるとお話ししましたが、とくに若い妻の暴言で心が深く傷ついている夫たちがとても多いのです。カウンセリングの場でも、痛々しいほど傷ついている夫の告白をどれだけ聞いたかしれません。

ところが、まさかそれほど夫の心が傷つきやすくて繊細であることを知らない若い妻たちが多いのです。本人は何気なく言ったつもりなのに、夫は離婚まで考えていたという告白を聞くこともあります。

今は子どものころから女子も男子も区別なく教育されます。もちろん、それ自体はいいことなのですが、同時に女性として男性にかける言葉への気くばりについてもっと伝えるべきじゃないかと思います。

妻でなくても、他の誰かから言われた言葉で心が傷つくことはあるでしょう。しかし、妻からの言葉はもっと深く夫の心を傷つける力をもっています。カウンセリングで若い夫たちが告白した妻たちの言葉を挙げてみます。「えっ、そんな言葉で」と思われる妻たちもいるかもしれませんが、それは実際の夫たちの反応なのです。

「どうしてあなたと出会ってしまったのかしら」

「あなたと結婚してから全然いいことがない」

「まったく頼りにならないわ」

「もうあなたに対する愛なんかないわ」

「あなたを信じることができない」

「二人でやっていく自信がない」

「もう勝手にしたらいいわ」

「この家から出て行ってよ」

「もっと高い給料をもらって来なさいよ」

「あなたも親に似てバカね」

カウンセリングで、夫にこんな言葉をかけたことがありますかと妻たちに尋ねると

「いえいえ、半分冗談で言ったんです」という反応がけっこう多いのです。しかし、それでも言われた側の夫の心が傷つき、自信をなくし、心の中でこの妻とは一緒にやっていけないと思っているとしたら、どうでしょうか。

４　性生活に対する思いがかみ合わない

若いご夫婦のカウンセリングをしていて気になることのひとつが、まだ結婚して数年しか経っていないのに、驚くほど性の営みが少ないことです。なかには、まったくないというご夫婦もいます。

その理由はさまざまですが、カウンセリングでよく出てくるのは、相手の求めに応じるのが何か煩わしくてそのまま放っておいた、仕事で疲れていてそれどころでなかった、夫婦になってみたら関心がなくなったというものです。

そんな状態を放ったままにしていると、二人の心はまちがいなく離れていきます。そして、いったん離れた心を結び直し、性の営みを再び取り戻そうとしても簡単ではありません。

それだけに留まりません。パートナーが他の異性と関係をもっていたというケースもけっこうあります。

5　結婚後、夫の態度が急変した

「結婚前、お付き合いしていたときはとてもやさしくて親切な人だと思っていたのに、いざ結婚して一緒になってみると、全然そんな人ではなかった」

これは、とくに若い夫と妻の両方からよく出てくる言葉です。そして、

「こんな人とこれからもずーっと一緒に我慢してやっていく自信がありません」

と続きます。

結婚するまでは、この人とぜひ一緒になりたい、何とか相手の心をこちらに向けてもらいたいと一途に努力していたことでしょう。ところが、いざ結婚して夫婦になってしまうと、すでに目的を果たしたと思ってしまうからでしょうか、その努力をぴったり止めてしまう夫婦がいます。

すると、素の自分が出てきてしまいます。そのギャップが大きいほど「えっ、こん

な人だったんだ」「こんな人と結婚するんじゃなかった」と後悔しはじめます。

6　妻がこんなにヒステリーだったとは……

三十代の夫たちが「もうこれ以上、妻とはやっていけません」と相談してきたとき、その理由として出てくるものに妻のヒステリックがあります。たとえば妻がカーっとなると、怒鳴ったり、ワァーワァー泣き喚いたりするというのです。

なかには、妻がヒステリックになると、食器を投げて壊す、暴言を吐く、夫の体を叩く、蹴るというケースもあります。それで骨折したという方もいました。

外では仕事で戦っている分、家庭に安らぎを求めていたのに、帰るとヒステリックな妻が待っているとしたら、家に帰りたくなくなるでしょう。外でパチンコをしたり、お酒を飲んで時間をつぶしたりしてから帰るという夫もいます。

そんな夫たちが必ず口にするのは「結婚するまでは妻がこんなにヒステリックだとは思わなかった」という言葉です。

7　夫の借金・ギャンブル・暴力がひどすぎる

若い夫たちに多いケースですが、独身時代の借金を抱えたまま結婚生活を始めています。妻にはもちろん内緒にしていますが、借金は返さなければならないので、妻に渡す生活費は少なくなります。いよいよ困って妻にお金をせびったり、妻に独身時代の借金を肩代わりしてもらったりすることもあります。

妻がやっと借金返済が終わったと思っていると、別の借金があることがわかり夫婦喧嘩になることもあります。それでもパチンコくらいしないとやってられないと散財していたことを知り、妻は夫を信じられなくなります。それどころか、妻の追及に逆切れして暴力をふるう夫もいます。

8　会話が成り立たない

若いご夫婦のカウンセリングをしていますと、職場や友達とは会話がはずむのに、家庭に帰るとパートナーとはうまく会話できないと悩んでいる方が多いのです。いろんな理由があると思いますが、会話の仕方についていえば、ほぼ共通していることがあります。

　それは、相手が話し始めると、最後までじっくり聞かず、すぐに否定的な言葉を返してしまうことです。たとえば夫が

「部屋を少しきれいにしておいてよ」

と妻に向かって話しかけたとします。そのとき妻が

「何言ってるの、私だって忙しくて、そんな時間ないわ」

と応じてしまうと、夫は頭から自分の言ったことが否定されたと感じます。

　一方、妻が

「これ買っていい？」

と夫にたずねたとします。そのとき夫が頭ごなしに

「そんなもの必要ない」

と応じてしまうと、妻は自分の気持ちをわかってくれないと感じます。

　こんな会話が何度もくり返されていくうちに、こんな人とはこれ以上話しても仕方ないと思うようになります。

一般に私たちが会話しようと思うのは、相手を理解したいからですし、自分を受け止めてもらいたいからです。それによって気持ちを共有したいからだと思います。とくに親しい相手であるほど、そうです。

そのために、何とか努力して相手の話を聞こう、受け止めようと努力します。ところが、なぜか夫婦の関係になると、そのような努力をせずに言葉を交わしてしまいやすいのです。それで互いにぎくしゃくしてきて、しだいに話すのが億劫になり嫌になって会話が減っていきます。

9　感じ方、考え方の違いが大きすぎて……

何を大切にしているか、何を優先しているか、夫婦の間である程度擦り合わせができていないと、同じ屋根の下でいっしょに生活することが苦しくなってきます。カウンセリングでもよくこんな言葉が出てきます。

夫：家の中は全てがきちんとしていないと気が済まない

妻：家の中が散らかっていて整理されていなくても平気

夫：家事は妻に任せるもの
妻：家事も育児も対等に負担したい
夫：せめて家の中では寛ぎたい
妻：夫がいても家の中でバタバタと動き回る
夫：相談せずに自分の好みで買い物をしたい
妻：できるだけ余計な物は買わず節約したい

どれも家庭生活の中で起こる小さなすれ違いですが、そのままにしておくと感じ方が違う、考え方が違うとぶつかることが多くなり、ついには価値観が合わないというところまで煮詰まってしまい、二人の関係は深刻になります。

10　妻の実家通いが多すぎて……

「妻は家庭の中で困ることがあると、すぐ実家へ戻ってしまうんです」

「家庭の中のことは全て実家へ報告しているようです。ときには妻の実家の両親が怒って私に電話してくることもあります」

「実家のほうが居心地がいいみたいで、しょっちゅう戻っては長々と泊まってきます」

　こんな感じでは、なかなか夫婦として信頼関係を築いていくことはむずかしいでしょう。こんな妻とはうまくやっていく自信がなくなったとカウンセリングに来られる夫もいます。

　これは、妻の親の対応にも問題があると思います。ある程度のことは夫婦で協力し合って乗り越えていくように背中を押してあげなければならないはずなのに、実家の親が事あるたびに手を出し、口を出しすぎると、二人が自力で困難を乗り越える機会を奪うことにもなりかねません。

@先輩夫婦に学ぶ——仲良し夫婦がやっていること

それでは、とくに若い夫婦がこのような壁にぶつかったとき、どう対処したらいいのでしょうか。本書のテーマである夫婦の会話の仕方も含めて、仲の良い夫婦の姿をよく観察してみるといいと思います。いっぱいヒントを見つけることができます。
夫婦カウンセラーとして見ていても、素適なご夫婦だなと感じるカップルが世の中にはたくさんいらっしゃいます。ここで、どんなふうに夫婦のきずなを育てておられるのか観察していて気づいたことを挙げてみます。それぞれの項目にチェック覧を付けておきますから、自分はどうかなと確認しながら読んでみてください。

【夫がやっていること】

◉仕事をまじめに頑張る　（はい・いいえ）
◉妻の話をしっかり聞いている　（はい・いいえ）

◉重い荷物は自分で持つ　（はい・いいえ）
◉夫婦のスキンシップを大切にしている　（はい・いいえ）
◉遅くなるときは連絡を入れる　（はい・いいえ）
◉二人一緒に出かけることがよくある　（はい・いいえ）
◉休みの日は子どもを外に連れ出して遊ぶ　（はい・いいえ）
◉妻が一人でゆっくりできる時間をつくってあげる　（はい・いいえ）
◉食後の片付けを手伝う　（はい・いいえ）
◉子どもと一緒に風呂に入る　（はい・いいえ）
◉出勤時にゴミ出しをする　（はい・いいえ）
◉家庭での力仕事は自分がしている　（はい・いいえ）
◉妻の家族を大切にしている　（はい・いいえ）
◉何でも妻とよく相談して決めている　（はい・いいえ）
◉家族でよく遊びに出かける　（はい・いいえ）
◉妻と二人だけでたびたび外食をする　（はい・いいえ）

◉妻が喜ぶものを買って帰る　（はい・いいえ）
◉たまには料理を作る　（はい・いいえ）
◉妻の誕生日にはプレゼントをする　（はい・いいえ）
◉妻の髪型や服装の変化に気づいてほめる　（はい・いいえ）

【妻がやっていること】

◉朝は自分から元気よくあいさつする　（はい・いいえ）
◉お弁当を真心こめて作る　（はい・いいえ）
◉呼ばれたら、まず「ハイ！」と明るく返事をする　（はい・いいえ）
◉家族の前で明るい笑顔を忘れない　（はい・いいえ）
◉笑顔で朝の見送りをする　（はい・いいえ）
◉夫を立てて家族の中心になるようにする　（はい・いいえ）
◉夜の誘いはできるだけ断らない　（はい・いいえ）
◉二人でよく出かける　（はい・いいえ）

◉ケンカになったら自分から謝る（はい・いいえ）
◉夫の親や親戚を大切にする（はい・いいえ）
◉家族の健康を考えて料理を作る（はい・いいえ）
◉家の中をいつもきれいにする（はい・いいえ）
◉夫に命令調の言葉遣いをしない（はい・いいえ）
◉夫に対して感謝の言葉を忘れない（はい・いいえ）
◉なにげないスキンシップや会話を大切にする（はい・いいえ）
◉夫の給料は心から感謝して受け取る（はい・いいえ）
◉夫のお小遣いを簡単に下げない（はい・いいえ）
◉夫のために美しくなるよう努力する（はい・いいえ）
◉夫の趣味に関心をもつ（はい・いいえ）
◉夫の誕生日には素適なプレゼントをする（はい・いいえ）

若いご夫婦ならば、「はい」はいくつぐらいありましたか。どれも夫婦の心を近づけてくれる素敵なことばかりです。もし「いいえ」のところがあったら、これから取り組んでみてください。「はい」が一つ増えるたびにパートナーの笑顔が増えていくと思います。

これから結婚される方ならば、それぞれの項目を頭に入れておいてください。きっと、このことかと気づくことが多くあると思います。

＠男女平等と夫婦関係を混同してはいけない

私が結婚した当時のことです。結婚式の前夜、これから嫁に行く私に母が言ってくれた言葉があります。

「どんなときも旦那さんを立てなさいよ」

母はそれさえできれば夫婦関係はうまくいくと考えていたのでしょう。それは、母の長い結婚生活を通して得た知恵だったのだと思います。私も自身の結婚生活を通して、さらにたくさんの夫婦カウンセリングをしながら、母のこの言葉には深い意味が娘が結婚するときは、母がそうしてくれたように、私も、この言葉を伝えたいと思っています。

カウンセリングでもこのことをお話しすることがあります。妻たちは驚いたように「それは、男性優位の考え方じゃないですか。男女は平等だから、妻が一方的に男性を立てるのは納得できません」とおっしゃいます。

ほんとうにそうでしょうか。男女が平等だからといって何でも対等だと考えるのは正しいでしょうか。少なくとも、私のところを訪れるご夫婦は、何でも対等だと考えていたけれど、どうしてもうまくいかないと悩んで相談に来られます。

男女が人間として平等であることは確かです。しかし、男性であるか女性であるかによって人間の性質の表われ方は違ってくると思います。それが、今まで何度かお話ししてきた男性と女性の特性の違いによるものです。

私のカウンセリング体験での実感としては、このことが意外に理解されていないために、夫婦関係がうまくいかない方がとても多いのです。ちょっと厳しい言い方になるかもしれませんが、とくにお若いカップルの方たちに、次の3つのことをお伝えしたいと思います。

1　夫婦でも人間としては未熟であると自覚しておきましょう

人生は山登りのようなものだといわれますが、私は結婚生活こそ山登りのようなものであると思います。

山に登るにはまず、それなりの体力が必要です。周りで登っている人もいるから、何とかなるだろうと大してトレーニングもせず登り始めたとします。ところが、思っていた以上に体力を消耗するし、甘いものではなかったと後悔します。なかには、途中でこれ以上登れませんと諦めて下山する人も出てきます。

それでも一人で登っているのであれば、自分で決めて下山すればいいでしょうが、二人で一緒に登っている場合は、それだけではすみません。もう二度と一緒に登りたくないと非難し合うことになるかもしれません。

結婚生活への理解のないままスタートした場合もこんな感じになりやすいのです。早々に息切れして登山を止めて下山するかどうか悩んでしまいます。

日本人は山登りが好きです。登るのはかなり辛いことです。それでも登るのは山頂にたどり着いたときの喜びのほうが勝っているからです。二人の場合は、そのために助け合って一歩一歩登っていくことになります。そのときもっとも大切なのは、自分のこと以上にパートナーを思いやる気持ちです。それなくして、結婚生活はけっしてうまくいきません。

たとえば、夫が仕事のことで気持ちがいっぱいで、自分を支えるのは当然だと思っていたら、妻は自分の気持ちの持って行き場がなくなります。また、妻がいつも理解してほしい、支えてほしい、愛してほしいと夫に要求ばかりしていたら、夫は精神的に疲れてしまいます。大切なのは、何より相手を思いやる気持ちです。

ところが、私たちは常にそういう気持ちを持ち続けられるほど強くはありませんし、人間として未熟な自分なのです。そのことを謙虚に受け止めることができないと、夫婦関係がうまくいかないことを他のせいにするしかなくなります。

カウンセリングで、結婚して親となっているのに平然と「子どものために自分の人生を犠牲にしたくない。なぜ子どものために自分の人生を犠牲にしなければならないのですか」とおっしゃる方が多くなっています。そこには、結婚生活を営むにはまだまだ未熟な自分であるという自覚が欠如しているのだと思います。

2　結婚生活を上手に営む知恵を常に学びましょう

一昔前の日本では三世代、四世代が同居する家庭がどこにでもありました。家庭の中で子どもが生まれて成長する様子、結婚して夫婦になる様子、年老いて亡くなる様子に触れながら、自然にいろんな知恵を学ぶことができました。

私も、四世代同居の家庭で過ごしてきましたが、そこで父母や祖父母の姿に接しながら、夫婦がともに生きていくために必要な知恵をたくさん学ぶことができました。

ところが、核家族化が進んだ今は、結婚しても二人だけで生活することが多いため、そうした知恵を学ぶ機会があまりに少ないのです。学校教育でいえば、中学校や高校での学習を受けないまま大学に入るような感じです。

カウンセリングで若いご夫婦に、結婚生活について親から教えられたことがありますかと聞きますと、「幸せになるのよ」の一言ですという方もいます。しかし、結婚生活は散歩やハイキングに出かけるように「楽しんでおいで」と送り出すようなものではありません。

私はカウンセリングの場で、とくに若い妻たちには娘を嫁に出す母の気持ちで次の3つのことを伝えています。これまでお話ししてきたことと重複しますが、確認も含めてお話しします。

・どんなときも旦那さんを立ててね
・送り迎えは明るいあいさつを大切にね
・お食事は愛情を込めて作ってね

たった3つのことが母から娘へ、孫へと伝わるだけでも、幸せな夫婦がどれだけ増えることだろうと思います。自分から相手のために努力していたら幸せは向こうからやってくるのですから。

3　仲良し先輩夫婦の姿を見て学びましょう

これは先輩夫婦たちの重大な責任です。離婚したいと訴えて来られる若いご夫婦は、うまくいかなかった理由として、親夫婦がとても仲が悪かったとか、ケンカばかりしていたと言います。だから、嫌なら別れたほうがいいと考えてしまうというのです。

親夫婦の姿は良いことも悪いことも、親が思っている以上に子どもたちに深く影響します。たとえば、親夫婦が離婚していると、子どもが離婚する割合が高くなるというデータもあります。反対に親夫婦が仲良く支え合いながら、何とか二人で協力して努力している姿を見ながら育ってきた子どもたちは、自分たちの結婚生活が危機に直面しても何とか乗り越えていきます。

もし、親夫婦が仲良く過ごしている姿を見ることなく夫婦になったと思うならば、そのことをしっかり自覚し、仲の良い先輩夫婦を見つけてでも夫婦がともに生きていく知恵を身につけてください。

おわりに

私が住んでいる松江市は「水の都」といわれ、出雲の国際観光都市としてたくさんの方たちが訪れるきれいな町です。この町に住む夫の家族と同居することになり、４世代９人の大家族のなかで過ごして25年になります。

じつは親は、同居してもうまくいかないと反対しました。夫も心配しましたが、私は同居する結婚生活を選びました。不安がなかったわけではないですし、実際たいへんなこともありましたが、振り返るととても幸せな選択だったと思っています。

１４０年も前に建てられた母屋は、今もずっしりとした太い梁に支えられ、重厚感があります。しかし、そこで生活するとプライバシーを守る空間が少なく、３世代同居の生活は慣れるまでたいへんでした。

結婚するまで都会暮らしをしていた私にとって、出雲弁は「はい」とも「いいえ」ともはっきりしない表現が多く戸惑いました。しかも、周りはビルではなく緑ばかりです。私をよく知る友人たちは、あそこでは３年と持たないと噂していたようです。

そんな私が、今は緑に囲まれたカウンセリンググルームで全国から訪ねて来られるご夫婦にカウンセリングをする日々を送っています。

東日本大震災を通して私たち日本人が気づかされたことがあります。便利さ、快適さを追求するなかで人のきずなを、家族のきずな、夫婦のきずなを失ってきたのではないか。私は夫婦カウンセリングを通して、とくに夫婦のきずなを育てる会話が失われていることを痛感してきました。

夫婦だからわかっているはずだでは、きずなを育てることはできません。夫婦だからこそ言葉のやり取り、パートナーに対する言い方・伝え方が大切なのです。そのことを本書でお伝えできていれば、これにまさる喜びはありません。

最後に、今回も多方面からアドバイスしてくださった山崎優氏に心からお礼を申し上げます。また、母であり妻であり嫁である私をいつも温かく見守り応援してくれる家族に「ありがとう」と言わせてください。

２０１５年５月

吉岡愛和

これがわかれば夫婦はぜったい仲良くなれる
賢い人の言い方・伝え方

2015年6月10日　第1刷発行

著　者――――吉岡愛和

発行人――――杉山　隆

発行所――――コスモ21
〒171-0021　東京都豊島区西池袋2-39-6-8F
☎03(3988)3911
FAX03(3988)7062
URL http://www.cos21.com/

印刷・製本――三美印刷株式会社

定価はカバーに表示してあります。

ISBN978-4-87795-314-0 C0030